区域发展研究

（第一辑）

Regional Development Research

陈志国　主编

2017年第1期，总第1期
《区域发展研究》编辑委员会

河北大学出版社
·保定·

图书在版编目（CIP）数据

区域发展研究．第一辑／陈志国主编．-- 保定：
河北大学出版社，2017.10
ISBN 978-7-5666-1246-5

Ⅰ．①区… Ⅱ．①陈… Ⅲ．①区域发展－研究－中国
Ⅳ．① F127

中国版本图书馆 CIP 数据核字 (2017) 第 265702 号

QUYU FAZHAN YANJIU
(DI YI JI)

出 版 人：耿金龙
责任编辑：刘　婷
装帧设计：张彦琪
责任印制：靳云飞

出　　版：河北大学出版社（保定市七一东路 2666 号）
经　　销：全国新华书店
印　　制：保定市北方胶印有限公司
开　　本：210mm × 285mm　1/16
字　　数：210 千字
印　　张：10.5
版　　次：2017 年 10 月第 1 版
印　　次：2017 年 10 月第 1 次印刷
书　　号：ISBN 978-7-5666-1246-5
定　　价：28.00 元

《区域发展研究》编委会

卷首语

随着京津冀协同发展上升为国家战略，三地的合作发展进入快车道，相对于“长三角”“珠三角”，京津冀区域协作度相对落后，需要在产业协同、交通协同、城镇建设协同等领域加快沟通与协作。然而京津冀近年来区域环境并不乐观，如根据《2014年中国环境状况公报》，全年空气质量相对较差的10个城市中，河北省占有7席。《2015中国统计年鉴》显示，2014年河北省水资源总量为106.2亿立方米，在全国排名倒数第五，属于严重缺水地区。因此资源环境问题形式紧迫，已成为制约区域发展的极为重要的因素。

围绕资源环境需要研究的问题是多方面的，既包括资源保护、提升效率，也包括资源流动、机制创新、生态补偿等。《中共中央关于全面深化改革若干重大问题的决定》中指出，要“健全能源、水、土地节约集约使用制度”，《京津冀协同发展规划纲要》中对河北的定位是“全国现代商贸物流重要基地、产业转型升级试验区、新型城镇化与城乡统筹示范区、京津冀生态环境支撑区”。可见，在京津冀协同发展的背景下，要改善京津冀的生态环境、实现河北的产业转型升级和河北新型城镇化建设，解决城市功能定位与自身承载能力不匹配等问题，缓解京津“城市病”，增加中小城镇体系功能，优化京津冀城市格局，推动“产业和城镇融合发展”，保障土地、能源、水资源的可持续利用等领域的研究举足轻重。

河北大学资源利用与环境保护研究中心正是顺应当前社会发展热点而诞生的，旨在以京津冀资源科学利用与环境协同保护为导向，汇聚人才、融合学科，为推动相关学科学术实力的整体提升、为河北经济社会发展提供智力服务，力争建成以实现资源环境与区域经济良性互动发展为宗旨的河北省高校重点智库。鉴于此，两中心联合编写《区域发展研究》，搭建学术研究和创新思路的学术平台，旨在集思广益，为更好地推进京津冀协同发展服务。

河北省生态与环境发展研究中心

2016年4月，河北省生态与环境发展研究中心被确定为首批九家新型智库试点单位之一。中心主任陈志国教授，河北大学区域经济学科带头人、博士生导师。中心首席专家许皞教授，博士生导师，河北农业大学资源与环境学院院长。中心现有30余名具有博士学位和高级职称的人员组成的研究团队。

中心发展目标为区域特色鲜明、国内一流、国际知名，通过开展协同创新，建设数据库为研究提供科学支撑，为区域生态文明建设提供数据支撑、技术支撑和理论支撑。中心将致力于创新拔尖人才培养，吸引高水平专家走进智库，培养一批致力于生态与环境发展研究的科研队伍，并加强对相关专业博士生、硕士生的培养。研究一批具有前瞻性、显著影响力和实践价值的学术成果，开展搞好资政建言、理论创新与信息服务。

中心研究宗旨为以京津冀资源科学利用与环境协同保护为导向，汇聚人才、融合学科，为河北经济社会发展提供智力服务。

中心以统计学、经济学、地理学等重点学科为依托，以资源环境学、区域经济学为理论基础，主要研究领域包括环境政策、资源政策、产业政策等方面，具体主要有国土资源科学利用、河北省环境治理与生态修复、区域产业升级与绿色发展、河北省社会治理与可持续发展等。

河北大学资源利用与环境保护研究中心

河北大学资源利用与环境保护研究中心创建于2014年，是河北省首批高校人文社会科学重点研究基地之一，中心依托区域经济学、地理学、管理学、社会学等学科专业，通过学科交叉优势的整合与研究工作的协同创新，旨在产出能够有效服务河北省高等教育及经济社会发展的学术成果与政策建议，推动相关学科学术实力的整体提升，力争建成以实现资源环境与区域经济良性互动发展为宗旨的河北省高校重点智库。

中心主任为河北大学区域经济学科带头人、博士生导师陈志国教授。中心现有教职员工19人，其中教授9人、博士生导师3人、硕士生导师16人，享受河北省政府特殊津贴专家2人、河北省突出贡献中青年专家2人、河北省三三三层次人才2人，河北省高等学校青年拔尖人才2人，保定市社会科学优秀青年专家5人，内部已建成一支实力突出、特色鲜明的教学科研队伍。此外，资源利用与环境保护研究中心还充分发挥重点研究基地在人力资源方面的优势，聘请了多位海内外相关领域的知名学者，担任中心特聘教授和兼职研究员，为中心教学科研工作提供了良好的外部保障。

中心拥有土地利用乙级规划资质，主要从事资源环境保护与利用、农村和县域经济、区域经济理论与发展规划、土地利用规划与管理、空间统计分析与建模以及海洋经济等方面的研究和学生培养工作。资源利用与环境保护研究中心拥有区域经济学博士研究生、硕士研究生招生权和博士学位、硕士学位授予权。中心团队拥有理论研究与区域经济社会发展实践相结合的丰富经验和经历，承担了一批省内外经济社会发展规划、园区发展规划、产业发展规划、土地利用规划、循环经济发展规划等。

目　录

京津冀区域研究

产业发展与结构优化

资源利用与生态环境保护

企业发展探索

空间探索

大数据时代下京津冀公共服务云治理研究*

陈志国　王晨苗

一、引言

大数据时代是一个海量数据高速碰撞、信息爆炸的时代，在这个新时代背景下物联网、云计算、移动互联网等技术得到了迅速发展。大数据具有大量、多样、高速、真实、灵活、复杂和价值巨大的特点，因而得到了全世界的广泛关注。美国、欧盟、日本、韩国等已经纷纷开始开展基于大数据和云计算的战略部署，我国也已经将大数据放在了一个战略高度，2015 年初，国务院出台了《关于促进云计算创新发展培育信息产业新业态的意见》和《促进大数据发展行动纲要》，为我国大数据的发展、云计算技术的突破提供了强有力的支持和保障。在此背景下，我国上海、苏州、兰州、厦门等城市已经纷纷加入到了运用大数据进行社会治理的新模式中。

大数据时代不仅仅为我们带来了一场技术革新，同时还对我国社会治理模式提出了一系列挑战，传统的社会治理模式已经不能满足大数据时代对社会治理体制和治理方式提出的新要求，因此在大数据的驱动下，“云治理”作为一种新的社会治理方式应运而生。云治理是将社会各个职能部门的各种治理信息数据化之后进行整合，再通过云计算等技术对其加以分析和利用，从而为社会治理主体进行治理决策提供更加精确可靠的数字依据。云治理有助于解决传统社会治理模式中存在的信息不对称、公民参与度不高等问题，是顺应大数据时代发展的新的社会治理方式，因此，如果将云治理运用到京津冀公共服务治理中，就能够提高京津冀公共服务治理的决策精准度和公民参与度，促进京津冀公共服务一体化

* 基金项目：河北省科技厅软科学项目“大数据与社会治理”（项目编号：144576143D）。

的发展进程，从而为京津冀三地居民提供更加高效、便捷、精准的基本公共服务。

京津冀公共服务云治理是一个合成概念，是依附于现代化移动互联网、物联网、云计算、云服务、大数据等技术而实现的京津冀公共服务现代化治理新模式，它通过京津冀公共服务云平台将京津冀各地区的海量数据块进行资源共享和整合，将分散的数据信息联动起来，再通过云计算技术进行深度数据挖掘，从而一方面可以通过京津冀公共服务云平台向居民提供高效便捷的公共服务，另一方面也为治理主体搜集和应用提供了海量、准确的数据信息，有助于京津冀公共服务治理能力和治理水平的全面提升。在京津冀公共服务云治理模式下，各治理主体可以通过京津冀公共服务云平台进行信息资源共享和经验共享，实现各治理主体合作、协同发展的治理模式，同时，公民也可以通过京津冀公共服务云平台参与到公共服务治理中，实现构建公共服务利益主体之间良性互动的开放式公共服务治理模式。

京津冀公共服务云治理是实现京津冀公共服务一体化发展的重要途径，代表着京津冀公共服务治理发展的一种新趋向，因此，加快京津冀公共服务云平台的建设，推进京津冀公共服务云治理的研究，对于实现京津冀公共服务一体化协同发展具有重要意义。

二、京津冀公共服务一体化发展现状

2015 年 4 月 30 日中共中央政治局审议通过了《京津冀协同发展规划纲要》，明确提出了要把实现公共服务均等化作为京津冀协同发展的目标之一。“力争到 2020 年，河北与京津的公共服务差距明显缩小，区域基本公共服务均等化水平明显提高，公共服务共建共享体制机制初步形成。重点是建立统一规范灵活的人力资源市场，统筹教育事业发展，加强医疗卫生联动协作，推动社会保险顺畅衔接，提升公共文化体育水平。”京津冀协同发展上升到国家战略高度已有两年，在此期间，京津冀协同发展取得了一定成效，但在公共服务水平和质量方面仍存在不小的差距。

京津冀基本公共服务差距主要表现在以下几个方面：

1. 教育资源分布不均

在教育理念方面，北京、天津地区已逐步在素质教育方面取得一定成效，而河北很多地区仍不能跳出应试教育的束缚；在师生比方面，京津冀三地学校的师生比存在差距，河北地区的师资力量相对落后；在公共教育支出方面，京津冀三地生均教育经费存在差距，教育资源供求关系失衡。

2. 公共交通设施建设不均衡

在交通基础设施发展中，京津两地的公共交通设施较河北地区而言要发达很多，且三地的交通联动效应不强，公交一卡通仍没有实现。除此之外，“一极集中，面域不足”的问题也尤为明显。

3. 医疗卫生服务资源分布不均

在公共卫生医疗设施分布方面，京津冀三地在医疗卫生所的数量、质量方面都存在差距，京津地区卫生医疗资源丰富，而河北省卫生医疗资源相对紧张，特别是基层农村地区医疗资源非常薄弱。在公共卫生医疗服务水平方面，京津两地的执业医师无论在数量还是水平上也都明显高于河北地区。

4. 社会保障标准差距明显

京津冀三地之间、城市与农村之间在最低生活保障、基本养老保险服务等方面仍存在梯度式差异，且养老保险、医疗保险、失业保险、工伤保险、生育保险等保险的参保比例失衡，社保标准不统一。以医疗保险为例，医疗保险待遇差距大且结算制度不统一、结算平台不互联，使得异地就医的居民不能跨区域结算，报销程序比较烦琐。

5. 公共服务供给总量和供给结构不均衡

由于京津冀三地政府财力水平和供给能力存在差异，各地区之间存在公共服务供给总量和供给结构之间不均衡的现象，城市和农村之间供给不均衡的现象也尤为明显。在贫困地区，无论是公共设施的供给数量还是供给质量，都与城市存在明显差距。

京津冀公共服务存在差距的原因有以下几个方面：

1. 各地区公共服务部门之间缺乏沟通合作

各地区政府部门和公共服务部门缺乏合作沟通，对于行政级别不对等的政府部门之间这种现象尤为明显，各地区只致力于本地区公共服务的发展而忽视了地区间的协调合作，从而造成了公共服务供给碎片化，地区之间的差距也就越来越大。

2. 京津冀公共服务缺乏资源共享机制

京津冀公共服务缺乏资源共享机制是京津冀公共服务差距巨大的一个重要原因，教育部门、公共卫生机构之间缺乏经验、技术上的交流，没有一个很好的平台使不同地区的公共服务部门进行资源共享，不同行政级别的部门之间缺乏互联互通，带动效应较弱，从而导致京津冀三地无法享受同水平的基本公共服务。

3. 京津冀公共服务供给与需求之间不对等

现阶段公共服务部门与民众之间缺乏良性互动，在这种自上而下的公共服务供给模式下，公共服务部门根据自己掌握的信息来提供的公共服务与民众真正的需求和偏好不对等，同时，政府也不能通过一个很畅通的渠道来及时了解民众在公共服务方面的诉求。

4. 公共服务供给模式单一

现行的公共服务供给由政府单一提供，使得政府受各方面条件的制约不能将公共服务供给做到最优，如果能让社会和市场参与到复杂、广泛的公共服务供给中，势必会减轻政府的压力，也会使公共服务供给更符合民众需求。

习近平总书记曾在北京考察工作时指出，“京津冀地缘相接、人缘相亲，地域一体、文化一脉，历史渊源深厚、交往半径相宜，完全能够相互融合、协同发展。”京津冀基本公共服务一体化是实现京津冀协同发展的一个重要方面，因此，在大数据时代下，对京津冀公共服务云治理的研究可以为京津冀公共服务协同发展提供新的思路。

三、京津冀公共服务云治理发展前景构建

京津冀公共服务云治理的发展前景分为两步：第一步是建立一个京津冀公共服务云平台，让治理主体和服务客体都享受到这个云平台的服务；第二步是基于京津冀公共服务云平台的发展逐步实现“智慧京津冀”，使京津冀三地居民共享大数据时代所带来的便捷，实现协同发展。

电子计算机、手机、移动互联网的普及和应用改变了人们的生活方式，同时也为京津冀公共服务云平台的建立提供了现实条件，京津冀公共服务云平台可以看作是一朵漂浮在京津冀上空的“云”，它能够帮助京津冀各部门之间、政府与民众之间实现互联互通，有效克服由于地域差异而产生的数据采集难、共享难、在线分析难的问题，充分发挥大数据和云计算的优势，解决京津冀公共服务治理难题。京津冀公共服务云平台的构建目标有以下几个方面：

1. 提供智能服务

京津冀公共服务云平台通过移动终端为广大的民众提供高质量的公共产品和公共服务，它可以为居民提供交通查询、电子约车、预约就诊、电子挂号、网络教育、社保缴费、线上报销等涉及居民生活各个方面的服务，居民可以享受这个云平台为其提供的生活便利，同时还可以实时了解政府部门工作动态，参与互动，而移动终端也作为智能传感器的一种为政府部门搜集数据。

2. 透彻感知数据，深度数据挖掘

云平台将各种物理智能传感器感测收集到的信息转换为数据进行深度整合，通过云计算技术将各类看似毫无规律、毫无关联的非结构化数据进行深度数据挖掘，快速获取有价值的信息，应用到公共服务的各个领域，从而为治理主体发现问题、制定决策提供数据支撑，有助于政府全面洞察民生需求、优化公共资源配置、提高公共服务质量和社会治理精准度。以交通设施建设为例，治理主体可以通过云平台的分析结果准确判断出哪些地区需要加强交通基础设施的建设，从而更加科学地配置公共服务资源。

3. 实现部门间实时资源共享和沟通交流

公共服务云平台可以实现跨地区、跨行政级别、跨部门的信息资源共享，部门之间可以通过实时的数据交换及时发现问题解决问题，有助于提高风险预警能力和对原来无法预测的各种风险灾害的抵抗能力。不同部门之间还可以通过云平台强大的存储功能进行资源共享，如教育资源共享、教学经验交流等，从而减轻基层部门负担、提高各部门的工作效率和服务质量。

4. 及时反映民众诉求

京津冀公共服务云平台可以充分获取民众的需求和偏好的信息，并对其进行分析和利用，同时，民众也可以随时通过云平台将其需求反映给政府部门，为公共服务供给主体提供依据，从而解决了传统治理模式中信息不对称的问题，使公共服务供给和需求之间达到均衡，有助于各地区在教育、医疗、交通供给等各个方面实现平等发展。

5. 提升政务透明度和民众参与度

京津冀公共服务云治理超越了传统社会治理的思维方式和逻辑形式，能够实现“治理主体”社会化，通过京津冀公共服务云平台，民众可以及时了解政府的工作动态，实时发表意见，调动普通民众参与京津冀公共服务云治理的积极性和创造性，使民众更多地参与到决策过程中来，解决了传统公共服务治理中民众参与度不高的问题，不仅有助于提高政府工作的精准度，还加强了民众对政府工作的监督。

公共服务是现代政府的一项重要基本职能，也是智慧城市建设的重点领域，京津冀公共服务云平台的建立可以为“智慧京津冀”的发展提供强有力的技术支撑，“智慧京津冀”的建成也是京津冀公共服务云治理的终极目标。智慧京津冀由智慧交通、智慧医疗、智慧教育、智慧养老、智慧社区、智慧家居、智慧环保等多个模块组成，可以满足人们的物质文化需求，实现以人为本的全面、协调、可持续的京津冀协同发展。

四、京津冀公共服务云治理面临的挑战

目前，大数据、物联网、云计算、云治理是社会热门话题，人们越来越重视这方面的研究，但在应用领域可效仿的成功案例还很少，将京津冀公共服务云治理从理论层面发展到应用层面还将面临诸多挑战。主要有以下方面：

1. 技术挑战

京津冀公共服务云平台的建立目前还缺乏科学、长远的规划和顶层设计，又没有可供参考的成功案例，云平台的理念和应用之间存在技术鸿沟，需要一批具有自主研发能力的科技人员提供技术支撑，且需要物联网、云计算、互联网、3S（遥感、全球定位系统和地

理信息系统的简称)、云服务等核心技术的支持，才能实现云平台跨部门、跨地区的大数据合作。

在数据感知技术方面，云平台数据的获取需要各种物理智能感知设备的支持，而现实物理城市还不能实现物理感知设备实时传送数据信息，且将这些物理感知设备统一到一个系统平台也是一项技术难关；在数据挖掘技术方面，虽然数据挖掘技术已经发展了一段时期，但随着移动互联网的物联网的快速发展，可获取的数据量剧增，这就需要一个强大的云计算系统对这些数据进行挖掘、处理、分析，这不仅是对电子信息技术的一项考验，也是对数据分析技术的一项考验；在数据获取技术方面，现阶段京津冀各地区各部门之间数据平台不统一，进行整合规划并非易事，将各个数据平台整合联系到一起也是一项需要攻克的技术问题。

2. 信息孤岛问题

大数据的获取除了面临技术壁垒外还面临部门壁垒，目前社会公共服务各系统部门专业化分工程度高，每个系统部门都有自己独立的数据信息系统，这些数据信息是各系统部门独立拥有的极具价值的信息资源，因此信息保密措施也较好，且各个系统数据库的专业性较强，不同部门对同一事件的数据采集存在尺度、分类、解释方面的差异，无法形成统一标准，这就形成了一个个信息孤岛。

大数据时代需要将各个领域的数据跨学科整合起来，但由于信息孤岛问题严峻，各地区各部门之间还不能实现互联互通，无法协同运行，不利于云平台基础数据库的建立。这就需要依靠政府的力量将各个部门的治理观念统一起来，管理体制统一起来，将各系统部门分散的数据连接整合起来，有效调动各部门信息资源，打破信息孤岛壁垒。

3. 信息安全挑战

大数据时代给人类生活带来快捷方便的背后同样也隐藏着信息安全问题，数据资源的易获取性给人们的隐私安全造成了威胁，网络攻击也变得更加容易。此外，一旦云计算过程中系统程序出现意外状况，也可能造成原始数据的安全问题，如果没有一个非常完善的信息保护系统，严重的信息泄露事件将会持续增加，地方政府信息、个人隐私信息、知识产权信息等将不能得到安全保障，这也成了云平台建立的一个绊脚石。

云平台的开放性和对用户数据安全和隐私的保护看似是一对矛盾，但保护数据安全、防止信息泄露、采取可靠的数据监控措施、抵御网络攻击、形成灾难恢复机制等是云平台必须完成的任务。

4. 治理思维方式的转变

大数据分析与传统数据分析不同，它对数据的完整性和平稳性没有要求，不需要通过对局部数据的判断来推断整体数据，而是直接使用杂乱的看似毫无规律的各种结构化和非结构化数据进行分析，是对传统数据分析方法的挑战，同时也是对传统治理思维方式的挑战。

5. 资金挑战

云平台在开发阶段成本较高，前期投入不能立刻获得资金回报，且研发周期长、成本高、风险大、需要大量的资金投入。而且如果我们没有自己的专利技术的话还要支付大量的专利费，这将大大增加云治理的成本。目前国家智慧城市建设的融资渠道还比较狭窄，投融资机制不健全、运行不良，仅靠政府资金投入实现云治理不现实。因此这就需要借助社会各界力量共同为解决京津冀公共服务云治理的资金问题出力。

五、京津冀公共服务云治理模型构建

如前文所述，京津冀公共服务云治理以京津冀公共服务云平台为基础，京津冀公共服务云治理模型构建如图 1 所示，它由五部分构成，分别为物联网层、数据存储层、数据挖掘层、应用层和检测系统。

物联网层即物理感知层，它通过用户移动终端、物理智能传感器和各系统部门的基本数据库搜集信息并将这些信息传送到数据存储层。其中，各系统部门的数据增加了密钥设置，对各部门的专业化数据起到了保护作用。

数据存储层将物联网层传送来的文字、音频、视频、结构化及非结构化数据等各类信息进行整合，然后转化为数据信息存储起来，再将这些数据传送给数据挖掘层。

数据挖掘层运用云计算等技术对数据存储层传送来的信息进行深度的数据挖掘，实现对大数据的快速处理分析，再将分析结果传送到应用层的各个云模块中。

检测系统负责对数据挖掘层的数据及计算程序进行检测，为云平台的安全运行提供保障。

应用层由许多云模块构成，如公共交通云、公共医疗卫生云、公共教育云、公共就业服务云等，通过这些云模块为个人用户、企业用户和政府用户提供服务。其中，个人用户可以通过移动终端享受到各种云模块为他们提供的出行、学习、就医等生活各个方面的服务，企业用户可以通过应用层里的云模块为打造“智慧社区”提供技术保障，而政府用户则可以通过其专属渠道获取数据挖掘层分析的结果，为其进行社会治理提供数据支撑。同时，个人用户和企业用户还可以通过移动终端实时了解政府部门的工作动态，进行实时监督，并可以与政府部门互动，积极献言献策，参与到社会治理中来，实现社会治理主体多元化的转变。

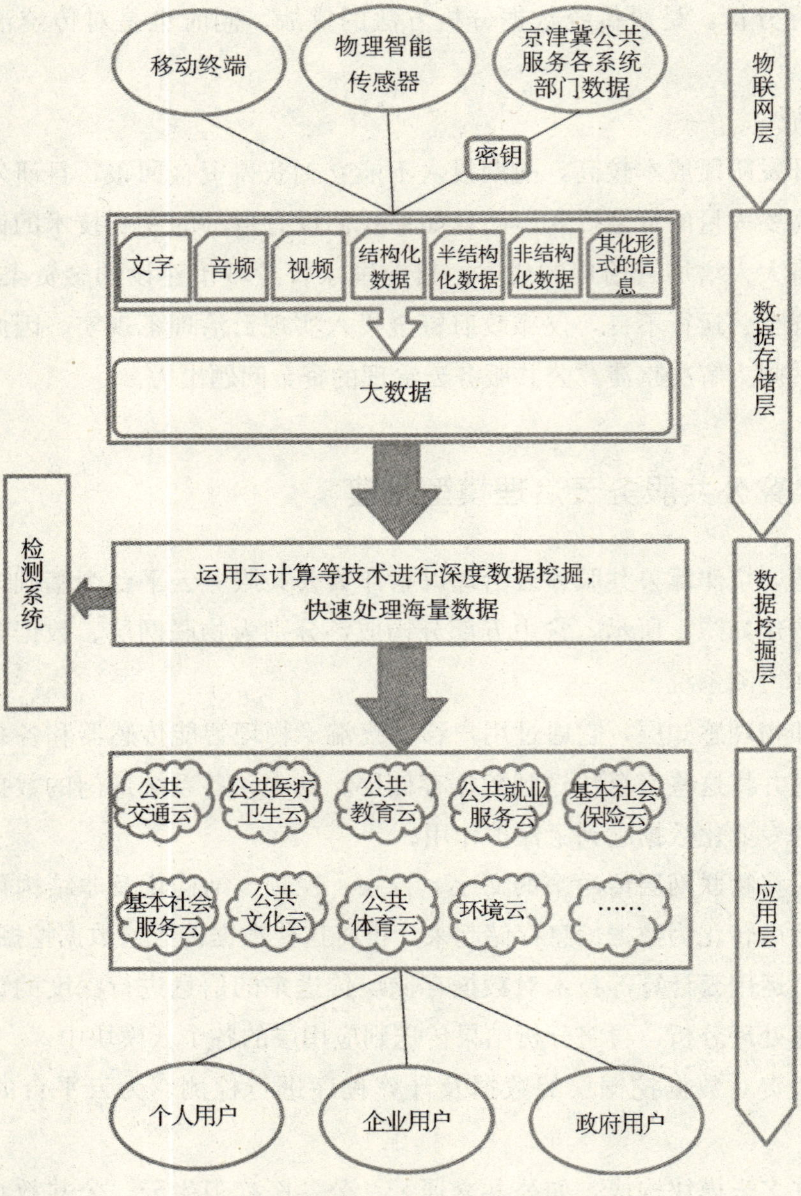

图 1　京津冀公共服务云治理模型构建

京津冀公共服务云治理是顺应大数据时代发展的新的社会治理方式，虽然在顶层设计层面、技术层面还有很多不足，但云治理发展前景明朗，通过社会各界的努力，京津冀公共服务云治理的实现势必会为“智慧京津冀”的建立打下坚实的基础。

参考文献：

[1] 陈潭，邓伟. 迈向大数据时代的大都市治理研究 [J]. 同济大学学报（社会科学版），2016，5：68-75.

[2] 岳向华，林毓铭，许明辉. 大数据在政府应急管理中的应用 [J]. 电子政务，2016，10：88-96.

[3] 刘白，廖秀健. 基于大数据的重大行政决策社会稳定风险评估机制构建研究 [J]. 情报杂志，2016，9：43-47，145.

[4] 邓念国. 大数据时代政府管理服务创新研究——以杭州为例 [J]. 天津行政学院学报，2016，5：18-25.

[5] 王法硕，王翔. 大数据时代公共服务智慧化供给研究——以“科普中国＋百度”战略合作为例 [J]. 情报杂志，2016，8：179-184，191.

[6] 李振，鲍宗豪. “云治理”：大数据时代社会治理的新模式 [J]. 天津社会科学，2015，3：62-67.

[7] 李振，鲍宗豪. 大数据时代的“云治理”：社会治理的一“种”新模式 [J]. 红旗文稿，2015，8：30-34.

作者单位：河北大学经济学院

京津冀协同发展下河北省城市功能定位研究*

户艳领　沈晨宇　李召霞　徐彤彤

一、引言

京津冀协同发展中城市功能的合理定位具有关键作用，然而目前还存在城市功能定位趋同、无效竞争等问题，长期以来，城市功能定位与自身承载能力不匹配的现象还存在，“城市病”愈发明显，小城市功能弱化，大城市承载力不足，影响到京津冀城市格局的优化。城市承载力是城市定位自身功能和发展的基础，科学地、系统地测评和比较城市的承载力，并据此客观定位城市主要功能，根据承载优势和短板建立“功能突出，协调有序”的城市功能布局，对于优化城市布局，推进协同发展具有重要意义。

通过横向对比厘清各城市的优势与短板，以此来实现城市的合理定位，并基于此提出城市发展的主体功能和方向，有利于形成承载力区域优势互补的城市空间发展格局思路。在京津冀协同发展的大背景下，实证分析结论可以为国土和城市发展规划编制提供参考和依据；对于大城市功能的疏解，发挥中小城市的功能优势，更好地承接京津城市功能具有参考意义；有助于优化河北省城市空间开发格局和更好地融入京津冀协同发展中。

目前涉及京津冀城市范围的承载力的研究主要以单一承载力研究为主，缺乏关于城市在一个特定发展区域中、特定生态环境下的产业功能定位研究。京津冀城市主体功能定位研究少有以承载力为基础进行的功能定位的研究，并且以往的承载力和功能研究多局限于某一城市。总体上看，考虑到时间、空间变化和要素流动的动态承载力协调研究还处于探索阶段，难以解决城市主体功能与超限承载子系统间的博弈难题，需要尽快完善区域协同研究。

---

* 基金项目：2015 年河北省社科联民生调研项目“京津冀协同发展下河北省城市功能定位研究”（项目编号：201501305）；2016 年河北省社科联社会发展项目“基于承载力评价的河北省城市空间发展格局研究”（项目编号：201603020210）。

二、城市综合承载力评价指标体系构建

本文选择因子分析法来计算河北省各市的综合承载力得分。因子分析法依据各变量间的相关性大小，对原始变量进行分组，可以将原始变量归入少数的几个公共因子，在简化评价体系的同时保留了原始大部分指标信息，极大程度上解释了原始变量，具有很好的适用性。

因为综合承载力包含经济、人口等多个方面，本文将评价指标划分为人口承载因子、经济承载因子、基础设施承载因子、科技创新承载因子、能源承载因子五大承载力子系统，从这五个方面筛选相关指标，从而建立指标体系。由于本文的评价对象包括河北省 11 个地级市，所以选取指标要在一般原则之外，考虑特殊性原则，即以各城市的发展现状和特点为基础，对最初的指标进行二次筛选。指标体系见表 1。

表 1　城市综合承载力评价指标体系

一级指标	二级指标	变量	指标说明
人口承载因子	人口密度/人·平方米$^{-1}$	X_1	人口承载力的主要体现
	人口自然增长率/‰	X_2	人口承载的反向指标
	老年人口系数/%	X_3	人口老龄化程度的代表性指标
	老年人口抚养比/%	X_4	人口老龄化社会压力的直观体现
	城镇化率/%	X_5	城镇人口占常住人口的体现
经济承载因子	人均地区生产总值/元·人$^{-1}$	X_6	经济实力的代表性指标
	人均消费支出/元·人$^{-1}$	X_7	人民生活经济水平的直观体现
	人均可支配收入/元·人$^{-1}$	X_8	人民生活经济水平的直观体现
	地区生产总值增长率/%	X_9	经济发展速度的直观体现
	人均固定资产投资/元·人$^{-1}$	X_{10}	推动经济发展的主要动力
	人均公共财政预算收入/元·人$^{-1}$	X_{11}	民生的保障和改善水平
	进出口总额/亿美元	X_{12}	对外贸易的发展水平
基础设施承载因子	人均公园绿地面积/平方米·人$^{-1}$	X_{13}	城市建设与环境保护的体现
	人均供水量/立方米·人$^{-1}$	X_{14}	资源的供给水平
	人均排水管道长度/米·人$^{-1}$	X_{15}	基础设施的完善水平
	每千人床位数/张	X_{16}	生活基础设施水平
	空气质量达标率/%	X_{17}	城市空气质量的直观体现
科技创新承载因子	申请专利/项	X_{18}	科研创新水平的体现
	授权专利/项	X_{19}	拥有自主技术产权的科技实力
	R&D经费内部支出/万元	X_{20}	科技实力和核心竞争力的体现

续表

一级指标	二级指标	变量	指标说明
能源承载因子	单位 GDP 用水量/立方米·万元$^{-1}$	X_{21}	能源消耗水平
	单位 GDP 能耗/吨标准煤·万元$^{-1}$	X_{22}	能源消耗水平

城市综合承载力与城市生产生活具有复杂的相互关系，选取评价指标时，考虑到了承载与施压的有机结合。本文选取的指标中，以相对指标为主，相对指标便于在各个城市间进行对比，通过对比可以发现各城市的优势与劣势。

三、城市综合承载力评价

（一）数据来源与预处理

选取河北省 11 个地级市相关的指标数据，经整理和计算后建立数据矩阵。数据来源于《2016 年河北省经济年鉴》，并参考了 2015 年《河北省国民经济和社会发展统计公报》，将数据导入 SPSS 统计分析软件，进行分析。

为了避免量纲原因导致的分析结论偏差，首先对原始数据进行标准化处理，以 X_i 表示影响城市综合承载力的指标，$i=1, 2, \cdots, 22$。此外，因为人口自然增长率、单位 GDP 用水量指标为反向指标，所以本文采用倒数法，对这 3 个指标的原始数据进行了正向化处理。

（二）相关性判断

首先，由表 2 相关矩阵可见，大部分指标间相关系数均在 0.3 以上，并且很多相关系数接近于 1.0，存在信息交叉情况，可以运用因子模型进行降维分析。

表 2　相关矩阵

	X_1	X_2	X_3	X_4	X_5	X_6	X_7	X_8	X_9	X_{10}	X_{11}	X_{12}	X_{13}	X_{14}	X_{15}	X_{16}	X_{17}	X_{18}	X_{19}	X_{20}	X_{21}	X_{22}
X_1	1.0																					
X_2	−0.6	1.0																				
X_3	−0.7	0.9	1.0																			
X_4	−0.7	0.8	0.9	1.0																		
X_5	0.4	0.3	0.1	0.0	1.0																	
X_6	0.3	0.0	0.1	0.0	0.5	1.0																
X_7	0.4	0.2	0.1	−0.1	0.8	0.8	1.0															

续表

	X_1	X_2	X_3	X_4	X_5	X_6	X_7	X_8	X_9	X_{10}	X_{11}	X_{12}	X_{13}	X_{14}	X_{15}	X_{16}	X_{17}	X_{18}	X_{19}	X_{20}	X_{21}	X_{22}
X_8	0.5	0.1	−0.1	−0.2	0.9	0.8	1.0	1.0														
X_9	0.5	−0.5	−0.3	−0.4	0.2	0.5	0.4	0.5	1.0													
X_{10}	0.2	0.0	0.0	−0.1	0.7	0.7	0.8	0.8	0.3	1.0												
X_{11}	0.2	0.2	0.2	0.0	0.7	0.7	0.9	0.8	0.6	0.6	1.0											
X_{12}	0.5	0.2	−0.1	−0.2	0.8	0.5	0.7	0.8	0.1	0.7	0.4	1.0										
X_{13}	0.1	−0.5	−0.2	0.0	−0.5	0.1	−0.4	−0.4	0.1	−0.3	−0.4	−0.3	1.0									
X_{14}	0.2	0.5	0.1	0.0	0.8	0.2	0.5	0.6	−0.2	0.6	0.3	0.8	−0.7	1.0								
X_{15}	0.0	0.7	0.4	0.2	0.6	0.1	0.5	0.4	−0.4	0.1	0.3	0.4	−0.6	0.7	1.0							
X_{16}	−0.4	0.7	0.5	0.4	0.4	0.1	0.4	0.3	−0.5	0.4	0.2	0.3	−0.6	0.7	0.8	1.0						
X_{17}	−0.7	0.6	0.6	0.5	0.2	0.0	0.1	−0.1	−0.2	0.1	0.3	−0.3	−0.3	0.2	0.4	0.6	1.0					
X_{18}	0.8	−0.3	−0.6	−0.5	0.5	0.2	0.3	0.5	0.2	0.3	0.1	0.7	−0.1	0.6	0.3	0.0	−0.4	1.0				
X_{19}	0.8	−0.3	−0.6	−0.5	0.5	0.2	0.3	0.5	0.2	0.2	0.1	0.7	−0.2	0.5	0.3	−0.1	−0.5	1.0	1.0			
X_{20}	0.4	0.1	−0.2	−0.1	0.5	0.2	0.4	0.5	−0.1	0.5	0.1	0.9	−0.3	0.7	0.3	0.2	−0.4	0.7	0.7	1.0		
X_{21}	0.4	−0.4	−0.3	−0.3	−0.1	0.0	0.1	0.1	0.7	−0.4	0.3	−0.1	0.1	−0.4	−0.2	−0.7	−0.4	0.1	0.2	−0.2	1.0	
X_{22}	0.2	−0.2	−0.2	−0.2	−0.2	0.0	−0.1	0.0	0.4	−0.4	0.0	0.0	0.1	−0.1	0.0	−0.4	−0.2	0.4	0.4	0.0	0.7	1.0

其次，观察变量共同度矩阵（如表 3 所示）。共同度反映了所有公共因子在每个原始变量上的解释程度，本文的指标体系中，所有变量的共同度都在 0.7 以上，说明所提取的公共因子极大程度上反映了原始变量的信息，因子分析效果良好。

表 3　共同度

指标	初始值	提取值
X_1	1.000	0.866
X_2	1.000	0.991
X_3	1.000	0.953
X_4	1.000	0.925
X_5	1.000	0.900
X_6	1.000	0.877
X_7	1.000	0.959
X_8	1.000	0.970
X_9	1.000	0.941
X_{10}	1.000	0.944
X_{11}	1.000	0.985

续表

指标	初始值	提取值
X_{12}	1.000	0.962
X_{13}	1.000	0.816
X_{14}	1.000	0.924
X_{15}	1.000	0.840
X_{16}	1.000	0.889
X_{17}	1.000	0.785
X_{18}	1.000	0.928
X_{19}	1.000	0.973
X_{20}	1.000	0.858
X_{21}	1.000	0.940
X_{22}	1.000	0.777

（三）主因子的确定

本文通过碎石图和特征值来确定主因子的个数，通过观察图 1 碎石图不难发现，第五个公因子为拐点，其后折线较平滑，由此初步判断最大公因子提取 5 个为宜。

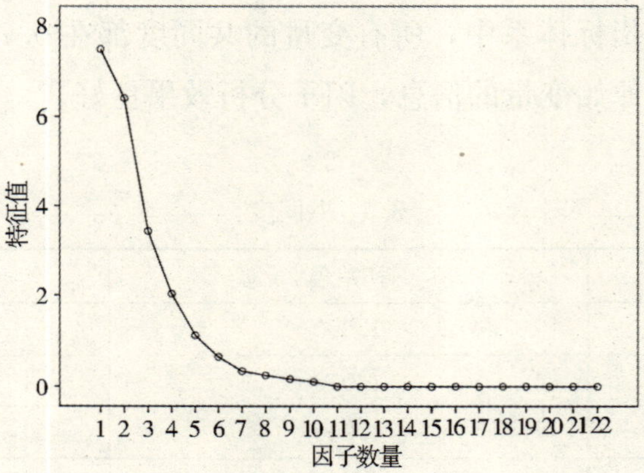

图 1　碎石图

由表 4 中的方差解释及特征值可以进一步判断，前五个公因子的特征根大于 1，且累积贡献率高达 90.93%，足以说明前五个公因子对原始信息具有极强的解释概括能力，适宜选作城市综合承载力评价指标的代表。

表 4　方差解释及特征值表（部分）

	初始特征值			提取载荷			旋转载荷		
	合计	方差/%	累积/%	合计	方差/%	累积/%	合计	方差/%	累积/%
1.00	7.93	36.06	36.06	7.93	36.06	36.06	5.23	23.75	23.75
2.00	6.12	27.80	63.86	6.12	27.80	63.86	4.61	20.96	44.71
3.00	2.94	13.37	77.23	2.94	13.37	77.23	3.89	17.70	62.41
4.00	1.83	8.33	85.56	1.83	8.33	85.56	3.62	16.44	78.85
5.00	1.18	5.37	90.93	1.18	5.37	90.93	2.66	12.08	90.93
6.00	0.76	3.47	94.40						
7.00	0.61	2.79	97.19						
8.00	0.37	1.68	98.87						
9.00	0.17	0.76	99.63						
10.00	0.082	0.375	100						

为了使载荷矩阵能够更清晰地表现各指标在因子上的载荷，本文应用最大方差法对因子载荷矩阵进行旋转迭代，最终得到因子系数走向已经明显两极分化的载荷矩阵，如表 5 所示，此时更便于对公共因子进行解释和命名。

表 5　旋转后的主因子载荷矩阵

	1	2	3	4	5
X_1	0.290	0.588	−0.594	−0.175	0.231
X_2	0.028	0.027	0.840	0.522	−0.106
X_3	0.117	−0.273	0.913	0.152	−0.093
X_4	−0.051	−0.180	0.936	0.010	−0.119
X_5	0.674	0.468	0.040	0.461	−0.111
X_6	0.884	0.170	0.115	−0.227	−0.042
X_7	0.905	0.268	0.057	0.253	−0.004
X_8	0.852	0.428	−0.055	0.236	0.049
X_9	0.660	−0.144	−0.427	−0.240	0.494
X_{10}	0.782	0.235	−0.133	0.158	−0.484
X_{11}	0.916	−0.102	0.021	0.296	0.220
X_{12}	0.490	0.823	−0.006	0.173	−0.120
X_{13}	−0.149	−0.070	0.011	−0.887	0.047
X_{14}	0.232	0.591	0.096	0.678	−0.229
X_{15}	0.108	0.339	0.385	0.751	0.044

续表

	1	2	3	4	5
X_{16}	0.125	0.097	0.400	0.696	−0.469
X_{17}	0.106	−0.502	0.424	0.554	−0.186
X_{18}	0.131	0.823	−0.407	0.172	0.197
X_{19}	0.120	0.815	−0.418	0.198	0.285
X_{20}	0.177	0.882	−0.014	0.084	−0.205
X_{21}	0.167	−0.104	−0.250	−0.168	0.900
X_{22}	−0.104	0.180	−0.060	−0.040	0.854

提取方法：主成分分析

（四）主因子解释

第一个主因子在 X_5、X_6、X_7、X_8、X_9、X_{10}、X_{11} 上有较大载荷，即第一个主成分涵盖了城镇化率、人均地区生产总值、人均消费支出、人均可支配收入、地区生产总值增长率、人均固定资产投资、人均公共财政预算收入等指标的大部分信息。所以第一个主因子集中反映了城市的经济发展水平，可以命名为经济发展因子。经济发展，会提高人民物质和精神生活的质量，提升城市的综合承载力，但是与此同时，盲目追求经济高速发展，可能会超过环境的承载负荷。因此，经济也是一个重要的城市综合承载因子，方差贡献率达到 23.75%。

第二个主因子在 X_{12}、X_{19}、X_{18}、X_{20} 上有较大载荷，包含了进出口总额、申请专利、授权专利、R&D（研究与开发）经费内部支出 4 项指标的大部分信息。其中进出口总额代表对外贸易的发展水平，代表该地区在国际上的竞争力强弱，而以科研创新为主导的文化软实力，正是综合竞争力的核心之一，另外 3 个指标，均直观表现出该地区在科研创新方面所做的投资和努力，以及研发活动的规模和取得的成果，所以这一主因子全面反映了某一地区科技进步与研发创新方面的综合能力，称为科技创新承载因子。

第三个主因子在 X_1、X_2、X_3、X_4 上载荷较大，包括了人口密度、人口自然增长率、老年人口系数、老年人口抚养比等指标的大部分信息。这 4 个指标反映了人口老龄化为劳动年龄人群和城市带来的双重压力，和目前人力资源利用上所承受的压力，以及土地作为居民一切社会活动的承载者，正在承受的压力，将以上内容统一解释为人口承载因子。这一因子的贡献率达到 17.7%。

第四个主因子在 X_{13}、X_{14}、X_{15}、X_{16}、X_{17} 上载荷较大，即第四个主因子包括人均公园绿地面积、人均供水量、人均排水管道长度、每千人床位数、空气质量达标率等指标的大部分信息。其中，供水量和每千人床位数代表为居民生活提供便利的基础设施建设情况，此外，排水和园林绿化代表为提高城市的精神文明，进行市政建设的水平。综合来看，第四个主因子可以理解为基础设施承载因子，这一因子在综合承载力因子中方差贡献率为 16.44%，

第五个主因子在 X_{21}、X_{22} 上载荷较大，所以第五个主因子只涵盖单位 GDP 用水量、单位 GDP 能耗等指标的大部分信息。能源环境既是城市发展的动力，又是制约因素。这两个指标可以反映某一城市在追求经济发展的同时，为资源环境带来的压力大小，故命名为能源承载因子。虽然只有两个指标，但是方差贡献率高达 12.08%，足以证明能源承载对于城市综合承载力的重要性。

（五）因子得分的计算

因子分析模型为各个主因子提供了客观权重，用于得分计算。将因子得分系数代入到公式（1），直接可得到每一个主因子的得分。

$$F_i = \sum a_{ij} \times k_i \tag{1}$$

F_i 表示第 i 个主因子的得分，j 为各个公因子包括的因子个数。再将 F_i 代入公式(2)中，计算每一个样本的综合得分。在计算时，每个主因子的权重 A_i，通过该因子的旋转贡献率与 5 个公因子的累积贡献率作比，计算得到。

$$F = \sum_{i=1}^{5} A_i \times F_i \tag{2}$$

由公式计算出的最终得分的高低，直接反映出每个城市综合承载能力的强弱，如表 5 所示。

表 6　城市综合承载力评价各主因子及综合得分表

	F_1	排序	F_2	排序	F_3	排序	F_4	排序	F_5	排序	总得分	排序
石家庄市	0.29	4	1.58	1	−1.19	10	0.85	2	−0.09	5	0.35	3
承德市	−0.42	7	−1.56	11	−0.43	7	0.83	3	−1.33	10	−0.58	10
张家口市	−0.18	5	−1.00	9	1.43	1	0.20	4	−0.41	8	−0.02	6
秦皇岛市	−0.32	6	0.12	4	1.23	2	1.91	1	0.99	3	0.66	2
唐山市	1.31	2	1.45	2	1.10	3	−0.17	7	−1.40	11	0.67	1
廊坊市	2.10	1	−1.08	10	−0.95	9	0.06	6	1.39	1	0.31	4
保定市	−1.17	11	0.86	3	−0.06	6	−0.29	8	1.35	2	0.01	5
沧州市	0.55	3	−0.13	7	0.33	5	−1.64	11	−0.21	6	−0.15	7
衡水市	−0.57	9	−0.16	8	0.60	4	−1.26	10	0.81	4	−0.19	8
邢台市	−1.14	10	−0.09	6	−0.78	8	−0.67	9	−0.40	7	−0.65	11
邯郸市	−0.44	8	0.01	5	−1.29	11	0.20	5	−0.70	9	−0.42	9

四、京津冀协同发展下提升城市承载力和功能定位区域协调的对策分析

（一）明确各城市功能定位

京津冀协同发展，需要区域内优势互补、相辅相成。首先需要以承载力分析为基础明确地市功能定位，使得京津两地疏解大城市的压力，而河北各市则结合自身优势协同发展。

基于因子分析结论可以发现，唐山、廊坊、沧州 3 个城市在经济承载因子上得分排在前三位，石家庄、唐山和保定则是在科技创新承载因子上表现突出，而位于冀北与冀中南的张家口、承德、秦皇岛、邯郸、衡水、邢台在经济与科技创新方面则稍显逊色。但是，张家口、承德、秦皇岛在基础设施承载因子、人口承载因子上都有各自的优势。所以，通过分析各城市的地缘等多方面因素我们可以对河北省的 11 个地市提出如下功能定位思路。

石家庄作为省会城市，综合得分第三，具有较强的综合承载能力，但是由于距离京津较远，应当将其城市功能定位为冀中南地区经济增长极，继续发挥其科技创新中心的辐射作用。唐山作为河北重要的工业城市，综合得分第一已经表明它具有重要地位，应当将其定位为北部经济重镇，带动环渤海地区的经济增长。保定和廊坊紧邻京津，地理优势显著，并且分别拥有较强的科技创新承载能力和经济创新承载能力，可以分担北京的非首都功能。沧州、秦皇岛背地面海，拥有得天独厚的港口优势，应当进一步扩大港口优势，发展海洋产业。但是，综合承载力能力有待提高，应当在唐山的带动下，积极承接京津的城市功能，提升自身实力。邯郸、衡水、邢台的综合得分都位于后部，需要在石家庄的带动下，着力发展主导产业，形成自身特色，成为河北省新的经济发展带。张家口、承德环境优势显著，作为生态屏障应当着眼于绿色产业、清洁能源的发展。而且，张家口可以借 2022 年与北京共同举办冬奥会的机会，提高城市的公共服务设施水平，发展生态旅游，提高经济承载能力。

（二）加强城市功能协调，形成网络体系

在明确了各城市的功能定位以后，为了进一步突出城市的主体优势，并减少各城市主功能的重合，可以在地域空间上形成节点城市功能组合，以点带面最终形成一个协调有序、长短互补的网络体系。

廊坊和保定基于其紧邻京津的地理优势和自身的发展基础，与京津形成一个核心三角区域。这两个城市需要集中优势，成为京津冀一体化中的两个强点支撑。在交通物流上，成为联系京津与冀中南区域的重要节点；在经济交流与科技互动上，成为京津的“中转站”与“扩音器”；在产业优化上，努力吸收京津的高新产业，淘汰自身的落后产业，成为京津冀协同发展的重要枢纽。缓解京津在交通、环境、人口压力的同时，把握机遇，促进自身

发展。

唐山发挥其经济优势、产业优势，带动沧州与秦皇岛的经济发展；秦皇岛则可以凭借其环境优势，承接一系列社会服务，并在 3 个城市的联动发展下，发展港口贸易和对外经济。环渤海经济区一方面旨在提高区域的综合承载力，另一方面也是在完善自身发展的同时为承接天津的港口贸易等功能做好准备。

石家庄作为中心城市，拥有较为雄厚的综合实力，而且交通便利与京津联系频繁，在科技创新上有一定的积累。邯郸、衡水、邢台都有各自的产业支撑，但是发展模式粗放，速度缓慢。张家口、承德位于河北北部，由于缺乏支柱型产业，发展一直受限，综合得分都相对较低。但是，张承地区紧邻北京，并且一直被定位为生态屏障。所以，可以与京津形成冀北经济区，借力京津并凭借自身的环境优势发展绿色产业、生态旅游、现代农业。

（三）提升各城市综合实力，主动承接京津产业

在分析了各城市的功能定位，并且确定了地域空间上的城市功能组合后，我们发现，受制于行政区划等多方面因素的影响，河北省 11 个地市的综合承载力和京津相去甚远，为了能够主动承接京津的城市功能，河北省 11 个地市在京津冀一体化过程中需要做出如下几个方面的努力：

1. 提高城镇化水平，培育节点城市

在明确了各城市的协作关系基础上，河北省亟待解决的一个问题就是要提高各城市的城镇化水平，从而提高城市综合承载力。首先，应当立足于对城市功能的定位，统筹规划，调整城镇用地，整顿闲置土地，提高土地的综合利用率。其次，提高基础设施水平，完善城市的公共交通网络，提高供水、供气水平，增加建成区绿地面积。从根本上改善城市面貌，完善城市功能。这样一来，如张家口、秦皇岛这样环境优势突出的城市才能顺利承接医疗、养老的功能。

提高城镇化水平的过程中，要重点发展石家庄、唐山、保定这几个节点城市，使他们立足于自身的优势，承接协同度相似的产业，逐步提升城市辐射带动能力。

2. 优化产业结构，加快转型升级

河北要想有效承接京津产业，就要统筹规划，建立一系列新兴产业园区和制造业加工基地。形成产业发展平台和相对完善的产业链，从而顺利承接京津的外迁产业，形成双赢机制。以创新为指导理念，积极开展高科技技术研发与引进，推动产业升级。积极引进先进的科技资源，加强与京津的合作，建设科技研发基地，吸收优质的科技资源。将产业平台、产业转型、产业技术三个方面相互融合，加快产业的转型升级。

3. 体制机制改革，打破行政壁垒

要进一步推动京津冀一体化，疏解京津压力促进河北的发展，不让京津冀的区域合作停滞于理论层面的一个重要举措就是要进行体制改革，解决行政壁垒带来的资源分布不协调、市场活力不足、城市分工不合理的种种问题。首先，要实现经济体制改革，活跃经济市场。在重点发展节点城市的基础上，形成一个涵盖京津冀13个城市的大市场，优化资源配置，促进各要素的合理流动。其次，应当实现基础设施的体制改革，形成快速便捷的交通网络、物流网络、互联网通信网络，下大力气提升服务设施水平，为各城市承接京津的城市功能做好基础准备。

参考文献：

[1] 张晓峒. 计量经济分析 [M]. 北京：经济科学出版社，2000.

[2] 郭艳红. 基于均方差分析法的北京市土地资源承载力评价 [J]. 资源与产业，2011，12.

[3] 郭志伟. 北京市土地资源承载力综合评价研究 [J]. 城市发展研究，2008，10.

[4] 黄万常，周兴. 土地承载力研究的理论与方法综述 [J]. 江西农业学报，2008，10.

[5] 蒋俊毅，罗能生. 区域城市化与可持续发展协调研究——以长、株、潭城市群为例 [J]. 技术经济，2007，5.

[6] 刘传江. 世界城市化发展进程及其机制 [J]. 发展经济学研究，2007，3.

[7] 任家强，孔凡文，孙萍. 城镇化进程中的城市建设用地承载力测算研究——以辽宁省为例 [J]. 资源开发与市场，2014，3.

[8] 石忆邵，尹昌应，王贺封等. 城市综合承载力的研究进展及展望 [J]. 地理研究，2013，1.

[9] 文魁，祝尔娟. 京津冀发展报告（2014）[M]. 北京：社会科学文献出版社，2014.

[10] 河北省人民政府. 河北经济年鉴（2016）[M]. 北京：中国统计出版社，2016.

作者单位：河北大学经济学院

京津冀区域经济协同功能定位及发展路径研究*

李志伟

一、引言

2015年4月30日，中共中央政治局会议审议并通过了《京津冀协同发展规划纲要》，在《纲要》中第一次明确了京津冀地区协同发展的区域整体以及三地各自在协同发展中的功能定位，并从京津冀区域战略定位、协同发展总体要求以及三地定位布局等方面为京津冀协同和长远发展绘制了宏伟的蓝图。京津冀地区作为我国北方最大的经济发展中心，是继长江三角洲地区和珠江三角洲地区之后中国经济增长的“第三极”，同时也是我国自实行改革开放以来所形成的规模较大、发展较为成熟的三大都市经济区之一，在我国国民经济发展的整体格局中占有重要的一席之地。在区域经济快速增长的发展背景下，京津冀区域发展势头迅猛，逐渐发展成为推动和促进地区整体经济发展的重要力量。根据《纲要》具体规划，京津冀协同发展定位中，北京市作为我国的首都，在未来的区域协同发展定位中将着力打造全国政治文化中心、国际交往和科技协同创新中心；天津市的城市功能定位为努力打造全国先进制造研发基地、北方国际航运核心区、金融创新运营示范区以及改革开放先行区；在京津冀三地中，河北省经济发展相对落后，其在三地协同发展中的定位概括为“三区一基地”，具体来说包括产业转型升级试验区、新兴城镇化与城乡统筹示范区、京津冀生态环境支撑区以及全国现代商贸物流重要基地。总体来说，京津冀三地在区域协同发展中各自的功能定位是立足三地经济发展现状和运行规律，并充分结合大经济圈理论对三地未来经济发展所做出的长远规划，体现了三地协同与促进融合发展、增强经济发展合力的现实要求，对三地未来经济发展将会产生深远的影响。

---

* 基金项目：2016年度河北省社会科学发展研究课题民生调研专项“京津冀区域功能定位研究”（201601131）研究成果。

二、京津冀区域协同发展现状分析

京津冀区域从地理位置上来说位于我国华北平原的北部，区域内主要包括北京市、天津市以及河北省。从相互之间的发展联系角度来说，京津冀三地在地域和经济发展方面具有较强的完整性和亲缘性，在我国区域协调发展中占有非常重要的地位。作为我国北方地区对外开放的前沿，同时也是我国三个重要的“增长极”之一，在长期的经济发展过程中，京津冀区域相比其他两极在经济发展程度和发展速度方面都比较落后，在经济总量、市场化程度、经济外向度等方面与其他两个地区存在较大的差距，在区域协调发展方面尚未形成较为成熟和完善的府际协调机制，三地既有功能定位尚不明确，因此还没有形成整体的经济辐射面，对周边地区经济发展的带动效应还不够明显。

（一）京津冀区域功能定位模糊，中心城市现代化功能不足

从一定角度来说，区域功能的合理定位有助于区域内部经济发展战略的制定，同时对产业生产布局以及基础设施规划等发展战略的制定都具有深远的意义。在区域经济发展过程中首先应该对各个地区进行科学合理的功能定位，必须通过不同地区和不同部门之间的通力协作和充分发挥各经济主体的最大优势和潜能，通过建立差异化的经济发展体系形成区域经济主体内部各地区之间的优势互补和共荣共生。在区域经济发展过程中，城市是协调整个区域经济活动的重要节点和枢纽，对城市功能进行科学合理的定位，尤其对于中心城市的功能定位在整个区域经济发展过程中具有非常重要的现实意义。由于特殊的历史条件原因，京津冀地区在长期的经济发展过程中其实际经济运行并不是和客观的市场经济规律完全符合。功能定位的不明确、不协调导致区域经济的畸形发展，各个地区无法突出自身在经济协同发展中的优势，弥补自己的劣势，尤其是京、津两大核心城市的合作缺位造成两城市现代化功能不足，京津两市在长期发展过程中合作进展缓慢，两大城市的极化和扩散能力相对还比较弱，还远远没有达到和满足京津冀区域经济协同发展的现实要求。从GDP（国内生产总值）总量上来看，京津两市还有待进一步提升，两地在第三产业发展方面还有很大的潜在空间，金融市场发展虽然已经取得了一定的成就，但还不够健全和完善，对周边辐射带动效用不能够充分发挥。因此，三地合作的缺位和中心城市的带动作用不足是导致京津冀地区在三大区域经济体中实力最弱、发展最落后的最主要原因之一。

（二）京津冀各自为政，有效协同管理机制缺乏造成重复建设和资源浪费现象严重

长期以来，由于缺乏健全有效的权威性的跨区域协同管理机制，协调对话机制不够完善，合作的制度供给严重不足，京津冀地区一直处于各自独立发展和各自为政的发展格局，城市发展目标相似，各地产业结构自成体系。各地政府在面临和解决跨行政区统一规划和管理的问题时总是以自身利益最大化为出发点，而不是立足区域整体可持续发展的出发点制定相应的决策，京津冀地区大量的重复建设造成了严重的经济损失和资源浪费，区域间同质竞争现象普遍，三地产业结构有待进一步优化和调整。与此同时，由于在经济发展水平方面的巨大差异，京津冀三地在经济同构、互补性和内生衔接性方面严重不足，虽然在地域连接方面存在直接性的地理通道，但同时也加速了各种资源由经济不发达地区向特大型城市的过度集聚，如北京、天津两市对河北省地区的“虹吸效应”造成河北省地区的高素质人才和各种要素资源的大量流失，这在很大程度上影响了河北省地区的经济建设和地区发展，加剧了三地经济发展的不均衡。

（三）京津冀区域市场经济发展不成熟，政府干预色彩浓厚

在政府主导背景下，投资手段仍然是推动地区经济增长的主要手段，地区经济发展水平很大程度上依赖于投资规模，一定程度上将会直接导致京津冀三地之间对投资的竞争矛盾加剧。另一方面，由于受到多种因子影响，京津冀地区市场化程度还不够成熟，地方政府对企业的控制力较强，对经济的行政干预色彩比较浓厚，这也是造成人们思想观念陈旧、企业缺乏活力和市场力量不足的重要原因之一，尤其是作为国有资本重要补充的民营资本因缺乏足够的发展空间，发展力量不足且缺乏对外界的投资吸引，个体、私营企业以及股份制企业的规模一般都比较小，在市场中所占的比重偏低，因此无法发挥其更大的功能和效用。在此背景下，京津冀三地中心城市在制定经济发展宏观方向时主要集中在城市对周边地区的经济集聚功能增强方面，对于如何发挥和强化中心城市对周边地区的经济辐射效应，拉动周边地区经济共同发展方面重视程度不高，因此，河北省与京津还存在较大的差距。

综合以上分析，京津冀协同发展是我国当前国内推动区域经济发展的重点问题，也是我国区域经济发展的重要组成部分。近几年国家对京津冀协同发展的重视程度和支持力度不断增加，充分发挥三地比较优势，进一步优化三地空间布局，明确三地功能定位，已经成为推动和促进京津冀地区协同发展水平亟待解决的问题。

三、京津冀区域空间布局及功能定位思路

从促进京津冀地区经济社会发展的角度出发，京津冀三地的空间布局以及功能定位应结合各自的经济发展特点和产业结构特征，积极打造“一核、双城、三轴、四区、多节点”的区域联动协同发展骨架。

（一）基于中心城市功能主导，以点带面打造协同发展核心区域

京津冀协同发展的区域功能定位从根本上说是京津冀区域规划中具有全局性和指导性的重要内容。作为我国城市群最为密集的地区之一，京津冀地区中心城市的现代化功能不

足，缺乏充分的城乡联动，不能有效地辐射和带动周边地区的经济发展。城市是区域功能的空间载体，是经济活动组织的重要节点和枢纽，通过和区域内部城镇体系之间的相互联系和相互作用推动区域整体效益的提升。京津冀区域的协同发展和功能定位、空间布局的优化应基于城市功能主导，加强对城市尤其是中心城市的功能识别和功能开发。北京是全国的政治中心、文化中心和科技中心，拥有科技、人才、信息以及文化优势，第三产业是未来北京产业结构发展的重心；天津依托综合性港口优势，在协同发展中占有重要的战略地位，其发展目标定位为打造北方重要的商贸金融中心和先进的综合性工业基地；河北省主要城市如石家庄、唐山等凭借地域优势大力发展相关产业，形成对京津的产业互补和协同。

（二）基于产业集聚优化产业空间布局，以产业合作驱动区域经济协同和集群化发展

“集聚效应”是推动城市以及城镇体系形成和不断前进发展的基本动力，随着区域国际化、市场化、工业化的不断加速，流动性生产要素呈现空间上的集聚和集中，进而形成新的产业分工和产业格局。京津冀区域协同发展的关键问题在于各地区要有明确的分工定位，合理调整和确定各自的产业定位，同时必须围绕中心城市，结合周边地区经济发展和产业发展特色，制定相应的经济发展战略，不断推动产业集聚和合理化分工。京津冀地区是我国北方地区对外开放和参与世界贸易的前沿阵地，贸易分工格局的合理化对直接驱动京津冀区域经济发展具有重要的现实意义。与此同时，全国区域经济发展新经济增长点的培育也为京津冀地区进一步优化产业空间布局，加强跨区域产业合作和对接提供了有利的契机。随着全球化和世界经济一体化步伐的不断加快，未来世界经济发展的主流趋势将表现为以产业互动为基础的区域竞争越来越普遍。所以，以产业合作模式创新驱动区域经济协同和产业集群化发展是京津冀区域协同发展的必经之路。

（三）基于区域空间网络体系优化，不断完善和优化区域“集聚—辐射”机制

从当前区域空间网络格局现状来看，京津冀地区目前已经基本形成以北京市、天津市为主中心，河北省主要城市为副中心的行政格局。从运输网络角度分析，京津冀地区拥有发达的陆海空综合运输网络，交通运输网络区位优势明显，内接华北、西北、东北等广阔的内陆腹地，外连渤海，具有启东承西、贯通南北的枢纽地位。完善的综合运输网络是推动和落实“一带一路”国家倡议的重要基础。便捷的地理交通区位优势同时也为京津冀地区经济、政治和文化、科技创新奠定了坚实的基石，为进一步完善和优化京津冀地区“集聚—辐射”机制作用提供了高效便捷的通道。随着京津冀地区贸易、产业的不断集聚，在区域产业集聚水平不断提高的过程中，一体化区域对周边非一体化区域所产生的辐射带动效应日趋明显，带动能力明显提升。此外，空间网络体系的优化有助于促进流动性生产要素在空间上的重组，借助生产要素的外部效应充分发挥区域的比较优势，从而推动集聚与辐射机制发生作用，产生规模经济。

（四）基于政府职能不断完善京津冀区域协同发展政策与制度环境，努力消除跨区协同发展行政壁垒

区域经济协同发展过程中需要地方政府的跨区域合作，这是在跨区域叠加发展格局下解决公共管理问题、有效补充市场调节不足和整合不同区域协同关系的必然要求。京津冀府际合作与协同发展首先应搞清楚各行政主体的职能范围和领域，针对一系列具体问题开展府际合作和协调，基于全局发展的思想打造和构建完善健全的府际协调机制，制定统一的发展政策，通过合作和协调最大化发挥政府的引导、约束和保障作用，从而能够为促进京津冀三地的协同发展营造良好的政策环境和制度环境。京津冀协同发展过程中，各地的功能定位应基于政府层面做好顶层设计，以制度创新作为三地加强政府合作的突破口并建立跨区域的政府协调机构和合作平台，通过协商和合作消除协同发展的跨区域行政壁垒。

四、推进京津冀区域协同发展的途径分析

从整体性角度和全局意识出发，推进京津冀区域的协同发展除明确京津冀三地的空间布局和功能定位，还应该着力从体制机制协同创新、产业分工协同优化、区域协同创新体系构建等几个方面积极实施全面的协调和综合设计，从而能够为推进京津冀区域协同、健康和可持续发展提供强有力的保障和支撑。

（一）以体制机制协同创新为抓手，协调和平衡三地协同发展利益冲突，打造跨区域利益共同体

一直以来，体制机制问题都是影响和制约京津冀协同发展的最大障碍。创新协同发展体制机制有助于协调和平衡京津冀三地在协同发展过程中的各种利益冲突，理顺三地之间的利益关系。具体来说，京津冀协同体制机制主要包括财政、税收方面的共享机制、跨区域协同运行与利益分配机制以及政府顶层设计协调机制等等。其中，财政、税收方面的共享机制构建应着眼于促进区域均衡发展，从支付制度改革、协同发展基金扶持以及全面推行“营改增”税制改革等方面综合开展；跨区域协同运行与利益分配机制应立足合作共赢理念，进一步明确三地权责，通过规划对接和沟通交流形成跨区域运行和利益分配长效协调；政府顶层设计协调机制必须结合京津冀三地关系特征，基于国家层面建立中央领导下的横向协商与纵向协调相结合的区域联合互动机制。

（二）以三地自身比较优势为基础，加强产业分工协同优化与错位发展，构建京津冀合理产业链

产业分工协同优化和跨区域融合发展一直以来都是区域协同发展的实体内容和发展重心。京津冀协同发展应立足三地各自的比较优势和功能定位，通过政府和企业共同努力，

上下联动，加快推进三地产业分工的合理化和产业转型升级。首先，从政府层面，应在进一步明确三地产业转移和承接规划的基础上，采取积极有效的措施合理引导相关产业的跨区域流动，为产业有序转移和对接搭建平台；其次，在宏观政策引导下应充分发挥市场在资源配置和产业转移对接中的决定性作用，遵循市场规律，不断强化相关企业职能，使企业在产业对接中能够充分发挥主观能动性和积极性，做好相关准备工作。通过政府的积极有效引导和相关产业、企业之间的全方位协作共赢，推动和促进京津冀产业链合理化。

（三）以创新驱动为根本，加快京津冀区域创新资源整合，构建和完善区域协同创新体系

随着国内经济全面进入新常态，创新驱动逐渐取代传统的要素投入驱动而成为促进经济发展的根本力量。创新的目的在于实现经济增长，进而促进和带动区域经济发展。京津冀协同创新发展必须打破三地之间传统的、狭隘的地域观，突破惯性思维和思想束缚，不断形成崭新的区域观和全局观，通过不断加快和整合京津冀区域创新资源最终建立和形成京津冀协同发展的创新共同体，使资源能够在区域内自由顺畅地流动。京津冀区域协同发展必须依赖于创新驱动，协同创新驱动表现为多个方面，通过三地科技创新协同、文化创新协同、生态创新协同以及政策规划创新协同等构建和完善京津冀区域协同创新体系，是引领京津冀区域协同和快速健康发展的根本要求。

参考文献：

[1] 陆大道．京津冀城市群功能定位及协同发展 [J]．地理科学进展，2015，3：265-270.

[2] 肖金成，李娟，马燕坤．京津冀城市群的功能定位与合作 [J]．经济研究参考，2015，2：15-28.

[3] 马树强，金浩，张贵等．京津冀功能定位暨河北布局 [J]．中国经济报告，2015，10：100-103.

[4] 宗文．京津冀协同发展规划明晰三省市明确功能定位 [J]．港口经济，2015，9：12-13.

[5] 王尔德．建以首都为核心的世界级城市群——京津冀三地功能定位大调整 [J]．现代领导，2015，8：5-6.

[6] 杜瑜．京津冀都市经济区国内功能定位研究 [J]．开发研究，2007，2：30-35.

[7] 吴苏豫．京津冀区域经济的现状与功能定位 [J]．华北金融，2006，10：29-31，33.

[8] 饶倩．河北省八地市在京津冀都市圈中的功能定位 [J]．集团经济研究，2006，7X：148-149.

作者单位：唐山师范学院社会科学部

北京市最低工资制度对外来劳动力供给的影响

郑晴云

一、引言

最低工资制度一直是政府协调劳动力市场和社会公平的重要手段之一，被认为具有调节收入分配、促进产业结构升级、刺激人力资本积累等作用。最低工资制度最早产生于19世纪末20世纪初，在各主要西方国家经济发展迅猛，垄断资本主义兴起，劳资关系紧张的情势下，英、法、美等国家逐渐建立了适合自身国情的最低工资标准。最低工资制度建立的目的是使劳动者拥有取得劳动报酬的合法权益，让劳动者个人和其家庭成员的生活得到基本保障，促进社会公平。

从我国国情来看，我国在进入21世纪以来，经济仍旧保持着飞速发展。在2011年GDP总量更是赶超日本，成为世界第二大经济体。然而在发生这些变化的同时，也有一些问题凸显出来。我国2015年的基尼系数为0.462，已高于0.4的贫富警戒线。贫富差距大、劳资关系紧张，都极容易引起社会动荡。同时，我国还由于特殊国情而存在着庞大的且收入较低的农民工群体，受到世界性的经济低潮和经济发展转型期的影响就业成为民生热点话题，以及东南沿海近些年出现的“民工荒”等都说明了政府需要加强对就业问题的重视。在以上背景下，对最低工资制度就业效应的研究显然是十分必要的。

北京是我国的政治、经济和文化中心，发展迅速，一直以来都吸引着大量的劳动力涌入，其中就包括很大一部分劳动技能低、市场竞争力弱、属于最低工资制度作用范围的廉价劳动力。北京市统计局、国家统计局北京调查总队抽样调查发现，北京市人才供给增长与需求总体趋势一致，但结构问题明显，尤其是一线员工供需不对称现象突出。不愿来、留不住、不想干、不对称四大因素正严重制约着北京一线员工的供给。因此在我国产业结构调整的大背景下，以北京市作为研究对象十分有典型意义。

二、国内外相关研究综述

（一）国外研究综述

西方国家的最低工资制度建立已有一百多年的历史，因此对最低工资的研究范围也较广较全面，积累了大量的文献资料。尽管如此，对于最低工资对就业的影响，却仍旧未得到统一的结论。

较早的经济学家一般认为最低工资会对就业产生负面的影响。而一些实证分析似乎也证明了他们的观点，Charlene M. Kalenkoski，Donald J. Lacombe（2008）研究了最低工资对青年就业的影响，认为在有空间相关性的前提下，最低工资对青少年就业有负面影响。Joseph J. Sabia（2009）使用从1979～2004年期间人口调查提供的月度数据来估计最低工资增加对零售业就业和工作时间的影响，并证明最低工资的提升对于零售业的就业有不利影响，平均最低工资每提升10%会造成就业下降1%。

但是伴随着一些新的理论和研究方法的运用，最低工资制度对就业的影响变得越来越模糊。Rand W. Ressler，John K. Watson，Franklin G. Mixon（1996）根据最小二乘法（OLS）进行回归分析得出结论，即企业会通过提高兼职就业水平来应对最低工资制度。John T. Addison，McKinley L. Blackburn，Chad D. Cotti（2009）通过对1990～2005的就业面板数据构建回归模型分析得出，其所研究的零售贸易行业在很多时候最低工资的提高表现出了温和（但健壮）积极的就业影响。Hiroaki Sasakia，Jun Matsuyamab，Kazumitsu Sakoc（2013）也肯定了最低工资的作用，认为最低工资的引入可以减小商业周期波动。只是不适当的最低工资政策会使得实际工资和就业率都居于稳态值之下。

（二）国内研究综述

国内对于最低工资的研究开始较晚，但与国外研究相似，同样没有得出一致的结论。

第一种观点是最低工资制度会对就业产生负面影响。马双、张劼、朱喜（2012）对1998～2007年规模以上制造业企业报表数据的研究结果显示，最低工资每增加10%，制造业企业雇佣人数将显著减少0.6%左右。研究还发现，最低工资每增加10%，制造业企业平均工资将整体增加0.4%～0.5%，最低工资将更多地增加劳动密集型或人均资本较低企业的平均工资。第二种观点则认为最低工资能够促进就业。刘苓玲、黄钢（2015）从理论层面和实证分析两方面对2004～2011年的省际面板数据进行了综合分析，引入技术进步、城镇化、老年抚养比等指标，得出现阶段最低工资标准提升与城镇劳动力就业呈显著正相关关系的结论。第三种观点基于我国现实情况，分析认为目前最低工资制度对不同的行业地区和覆盖人群有不同的影响，最低工资制度对就业的影响较模糊，受多种因素影响。石娟（2010）的研究认为，从全国范围来看，最低工资标准的提高对我国的就业会产生显著性负影响，但是弹性系数小于0.1。分地区来看，当年最低工资标准的提高对西部地区就业的负面影响明显要小于东部地区，对中部地区的就业则无显著性影响；分行业来看，当年最低工资标准的提高对建筑业的就业不会产生显著性影响，制造业的情况则刚好相反。贾朋、张世伟（2012）应用回归间断设计方法分析了最低工资标准提升对低收入劳动者的影响，发现最低工资标准提升对男性劳动者的就业和工作时间、女性劳动者的工作时间均未产生显著影响，但对女性劳动力供给造成了负面影响。

综上所述，现有研究中大多是关于最低工资与特定行业或者人群就业关系的研究，而关于最低工资制度对外来劳动力就业是否会产生影响的研究较少，本文主要是对该问题进行研究和分析。

三、北京市最低工资制度现状

（一）北京市最低工资制度基本情况

1. 纵向发展

1994年北京市正式颁布《北京市最低工资规定》，该文件的颁布标志着北京市最低工资制度的建立。为了进一步促进就业，理顺劳动关系，2003年北京市出台《北京市非全日制就业管理若干问题的通知》，建立了最低小时工资标准，以确保报酬以小时计的非全日制就业人员的合法权益，扩大了最低工资覆盖范围。

表1　北京市历年最低工资标准一览

时间	最低工资/元·月$^{-1}$	最低工资/元·时$^{-1}$	非全日制就业人员小时最低工资/元
1995	210	1.10	—
1996	240	1.40	—
1997	290	1.70	—
1998	310	1.80	—
1999	400	1.90	—
2000	412	2.46	—
2001	435	2.60	—
2002	465	2.78	—
2003	495	2.79	—
2004	545	2.95	6.8

续表

时间	最低工资/元·月$^{-1}$	最低工资/元·时$^{-1}$	非全日制就业人员小时最低工资/元
2005	580	3.26	7.3
2006	640	3.47	7.9
2007	730	3.82	8.7
2008	800	4.60	9.6
2009	800	4.60	9.6
2010	960	5.50	11.0
2011	1160	6.70	13.0
2012	1260	7.20	14.0
2013	1400	8.05	15.2
2014	1560	8.97	16.9
2015	1720	9.89	18.7

数据来源：《关于调整北京市最低工资标准的通知》等文件中相关数据经过加权处理所得

从表1中可以看出，北京市的最低工资标准基本维持每一年上调一次的规律。而没有调整的2008年和2009年，考虑当时受到世界经济危机的影响，无论是本国经济体还是外资企业等都受到冲击，政府选择不调整最低工资标准以避免对就业的负面作用也有迹可循。

从增长的幅度来看，1995年的210元增长到2015年的1720元，最低工资标准增幅达到719%，平均增幅为34.24%，可见在这21年中最低工资标准已经实现了比较大的跨越。

2. 横向对比

职工月平均工资和人均GDP是衡量经济发展状况和居民生活水平的重要指标之一，可以作为衡量最低工资标准的重要指标。本文从最低工资标准与职工月平均工资、与月人均GDP的比例关系来衡量北京市最低工资标准是否合理。图1展示了北京市最低工资标准与职工月平均工资、月人均GDP的比值变化情况，比重1为最低工资占月平均工资的比重，比重2为最低工资占月人均GDP的比重。

国际上实行最低工资制度的国家，一般认为最低工资占月平均工资、月人均GDP的比重在40%～60%之间为合理，只有少部分国家低于40%，如美国、澳大利亚等，这些国家该比重低的主要原因是因为经济较发达，社会保障制度和救济体系相对完善，失业压力较小。由图1可以看出最低工资与月平均工资、月人均GDP的比值均呈现出波动下降的趋势，2015年北京市最低工资占月平均工资的比重为24.27%，占月人均GDP比重为19.38%，远低于国际平均水平，说明最低工资制度所覆盖的低收入人群并没有得到与经济社会发展一致的待遇，最低工资标准仍旧过低，这在一定程度上不利于经济社会的长远发展。此外，最低工资与月平均工资的比值下降较快，明显表示最低工资的调整幅度低于职工月平均工资的增长速度，并且两者的比值维持在较低水平。这说明在我国经济迅速发展的同时，低收入劳动者的收入水平的提高落后于中高阶层收入水平的提高，造成贫富差距不断拉大，不利于促进社会公平。

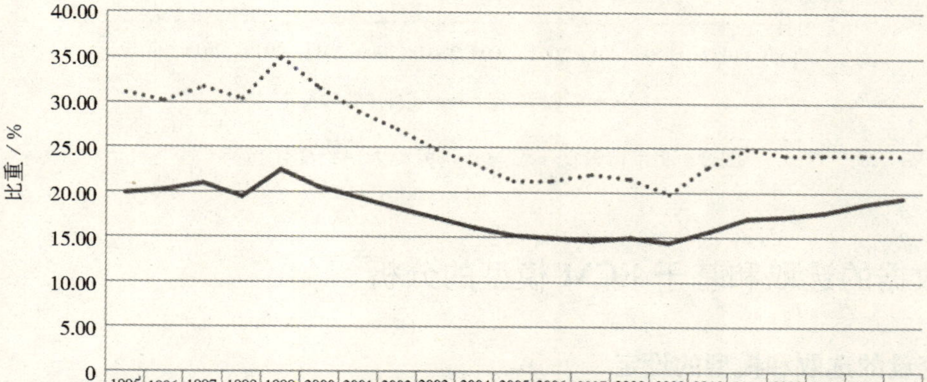

年份	1995	1996	1997	1998	1999	2000	2001	2002	2003	2004	2005	2006	2007	2008	2009	2010	2011	2012	2013	2014	2015
……比重1	30.94	30.07	31.58	30.28	34.84	31.44	28.85	26.92	24.70	23.07	21.21	21.28	21.97	21.47	19.82	22.85	24.83	24.12	24.17	24.14	24.27
—比重2	19.86	20.20	20.94	19.45	22.42	20.49	19.35	18.16	17.08	15.98	15.13	14.85	14.58	14.89	14.34	15.60	17.05	17.28	17.75	18.72	19.38

图 1　1995～2015 年北京市最低工资标准占月平均工资、月人均 GDP 比重趋势图

数据来源：经 2016 年《北京统计年鉴》计算整理所得

（二）北京市最低工资制度与外来劳动力供给的关系

由于本文更关注的是最低工资对外来劳动力供给的影响，因此本文继续探究最低工资与外来劳动力的关系。

1995 年至 2015 年北京市最低工资与外来劳动力供给数据如图 2 所示，可以看出两者总体趋势是上升的，只不过外来劳动力供给的增幅减缓，而最低工资增幅逐渐加快。但考虑到影响就业因素过多，依赖于经济、人口等多方面原因，尚且不能轻易认定最低工资与就业量之间存在正向相关关系。

综上所述，虽然目前对于北京市的最低工资标准已有比较完善的逐年调整制度，但最低工资标准仍有向上调整的余地，调整幅度也可以加大。而在此基础上，最低工资制度对北京市的外来劳动力供给是产生消极的影响，还是出现正向效应呢？这个问题仍旧需要通过下文的实证分析来继续探讨。

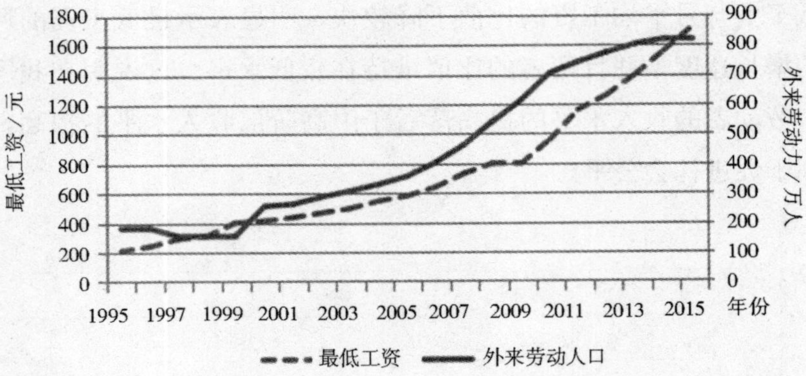

图 2　北京市最低工资与外来劳动力供给变化趋势

四、数据的选取和基于 ECM 模型的分析

（一）变量的选取和模型的设定

本文选取 1995～2015 年的北京市年度时间序列数据进行分析，用常住外来人口代表外来劳动力数量为被解释变量，记作 *LS*；以最低工资标准和地区生产总值为解释变量，分别记作 *MW*、*GDP*，建立模型。实证研究数据来自北京市统计年鉴以及历年关于调整北京市最低工资标准的通知的政府文件，并经过计算整理所得。为了保证数据的有效性和便于分析，对原始数据进行处理。首先，为了剔除价格因素的影响，利用消费者价格指数（CPI）和国内生产总值指数，以 1995 年为基期，分别将 1996～2015 年的最低工资和地区生产总值计算成为实际最低工资和实际地区生产总值。其次，为了消除序列中可能存在的异方差，对剔除价格因素后的序列同时取对数，分别记作 ln*LS*、ln*MW*、ln*GDP*。具体模型设定如下：

$$\ln LS = \alpha + \beta \ln MW + \gamma \ln GDP$$

（二）数据分析

1. ADF 平稳性检验

在利用数据进行实证分析之前需要判断时间序列是否是平稳序列，如果时间序列是非平稳的，那么直接使用经典回归模型易出现虚假回归等问题，因此在进行协整分析前，必须对所选数据各列进行平稳性检验。本文采用单位根检验（ADF），分别对外来劳动力、最低工资和地区生产总值的原序列和 1 阶差分序列进行检验，检验结果如表 2 所示：

表 2　ADF 单位根检验结果

变量（c，t，n）	ADF 值	1%临界值	5%临界值	10%临界值	结论
（c，t，0）	−2.584430	−4.49831	−3.65845	−3.26897	不平稳
（c，t，0）	−3.712840	−4.53260	−3.67362	−3.27736	平稳
（c，t，0）	−2.288040	−4.49831	−3.65845	−3.26897	不平稳
（c，t，0）	−5.743830	−4.53260	−3.67362	−3.27736	平稳
（c，t，0）	0.500138	−4.49831	−3.65845	−3.26897	不平稳
（c，0，0）	−3.655970	−4.53260	−3.67362	−3.27736	平稳

注：表中的 c、t、n 分别表示检验中是否包含常数项、趋势项以及滞后阶数，滞后阶数根据 SIC 准则确定

由表 2 的结果可知，lnLS、lnMW、lnGDP 的 ADF 检验值均大于 1%、5%和 10%的显著性水平下的临界值，这表明在 99%的置信水平下不能拒绝 lnLS、lnMW、lnGDP 存在单位根的原假设，即 lnLS、lnMW、lnGDP 存在单位根，是非平稳时间序列。经过 1 阶差分后，在 90%的置信水平下都拒绝原假设，表明经过 1 阶差分后的序列平稳。ADF 检验结果说明，lnLS、lnMW、lnGDP 序列都是 1 阶单整序列，即 I（1）。因此，模型中的变量之间可能存在长期的均衡关系，需要进一步做协整分析。

2. EG 协整检验

为了验证所建立的模型中各变量之间是否存在长期均衡关系，对相关变量进行协整关系检验。本文采用恩格尔-格兰杰两步法（EG）检验外来劳动力与最低工资、地区生产总值之间是否存在长期均衡关系，首先用 OLS 法估计模型，并且保存残差 e_t 作为均衡误差 μ_t 的估计值，然后对残差项 e_t 的平稳性进行检验。如果残差项是平稳的，则变量间存在协整关系；如果残差项是非平稳的，则表明变量间不存在协整关系。用 OLS 法估计模型，估计结果如下：

$$\ln LS_t = -9.1002 - 0.4875\ \ln MW_t + 1.0059\ \ln GDP_t$$

$$(-2.2269) \qquad (6.6004)$$

$R^2 = 0.975$　　$F = 358.2819$　　$DW = 0.9525$

由回归结果可以看出，模型的拟合优度高达 0.975，F 统计量在 1%的显著性水平下通过了 F 检验，最低工资和地区生产总值的系数在 1%的显著性水平下通过了 t 检验，且系数的估计值具有显著的经济意义。令 $e_t = \ln LS_t + 9.1002 + 0.4875\ \ln MW_t - 1.0059\ \ln GDP_t$，对残差序列进行平稳性检验，结果如表 3 所示：

表 3　残差序列

变量 (c, t, n)	ADF 值	1%临界值	5%临界值	10%临界值	结论
(0, 0, 0)	−3.52856	−2.68572	−1.95907	−1.60746	平稳

残差序列 e_t 的 ADF 值小于 1%显著性水平下的临界值，拒绝有单位根的原假设，是一个平稳序列。由此可以得到结论：北京市外来劳动力供给与最低工资、地区生产总值之间具有协整性，存在长期动态均衡关系。也就是说，北京市最低工资对外来劳动力供给的长期弹性为 48.75%，对外来劳动供给具有负效应，而地区生产总值的长期弹性为 100.59%，对外来劳动力供给具有正效应。

3. 格兰杰因果关系检验

格兰杰因果检验主要用来检验变量间是否存在因果关系，通过格兰杰因果检验能够判断一个变量是否受到其他变量的过去值影响，如果存在这种滞后影响，则称两变量之间存在格兰杰因果关系。考虑到本文主要研究的是最低工资与外来劳动力供给之间的关系，因此采用格兰杰因果检验方法考察最大滞后阶数为 2 时，ln*LS* 和 ln*MW* 两个变量之间的因果关系。结果如表 4 所示。

表 4　外来劳动力供给与最低工资的格兰杰因果关系检验

虚拟假设	滞后阶数	F 统计量	P 值	结论
ln*MW* 不是 ln*LS* 的格兰杰原因	1	8.75411	0.0088	拒绝
ln*LS* 不是 ln*MW* 的格兰杰原因	1	0.77631	0.3906	接受
ln*MW* 不是 ln*LS* 的格兰杰原因	2	7.07253	0.0075	拒绝
ln*LS* 不是 ln*MW* 的格兰杰原因	2	3.29057	0.0674	接受
ln*MW* 不是 ln*LS* 的格兰杰原因	3	3.75700	0.0444	拒绝
ln*LS* 不是 ln*MW* 的格兰杰原因	3	3.84195	0.0419	拒绝

由表 4 的检验结果可以看出：当滞后 1 期或者 2 期时，北京市最低工资变动不是外来劳动力供给的变化原因的假设在 5%的显著性水平下被拒绝，而外来劳动力供给变化不是最低工资变动原因的假设没有被拒绝，说明最低工资与外来劳动力供给之间存在单向因果关系。当滞后期为 3 期时，在 5%的显著性水平下，二者存在双向因果关系，说明最低工资与外来劳动力供给的互动效应在滞后 3 期时非常显著。

4. 误差修正模型

为了弥补长期静态均衡模型的不足，本文通过短期动态模型来反映偏离长期均衡的修正机制。因此，本文建立外来劳动力供给与最低工资标准和地区生产总值的误差修正模型（ECM 模型），令 $e_{t-1}=ECM_{t-1}$，模型的估计结果如下所示：

$$\Delta\ln LS_t=-0.755\Delta\ln MW_t+1.108\Delta\ln GDP_t-\Delta ECM_{t-1}$$

$$(-3.6716) \qquad (6.2725) \qquad (-3.6823)$$

$$R^2=0.658 \qquad SE=0.074 \qquad DW=1.4129$$

由检验结果可以看出，ECM 模型的各变量系数均在 1%的显著性水平下通过了 t 检验，有显著的经济意义。这表明，长期均衡对最低工资和地区生产总值短期波动的影响在统计上是显著的，误差修正项对均衡的偏离起到了修正作用。从模型的系数来看，当外来劳动力供给偏离长期均衡时，误差项将以－3.682 3 的力度进行修正；最低工资标准的短期弹性系数为－0.755，小于其长期均衡弹性系数，说明最低工资标准的变化对外来劳动力供给的长期影响更为显著。而地区生产总值的短期弹性系数为 1.108，大于其长期均衡弹性系数，说明经济发展对外来劳动力供给的短期影响更为显著。

五、总结及政策启示

（一）主要结论

通过上文的实证分析，得出北京市最低工资对外来劳动力供给呈现负效应的结果。针对这个结论，考虑有以下因素影响：第一，随着我国所有制改革的不管深化，非公有制经济体吸纳就业的能力不断上升。而相对于劳动力流动成本较大的国有单位和城镇集体单位而言，私企对于最低工资标准调整的反应更加快速灵活，一旦最低工资上涨，企业会认为自身成本增加、利润减少，往往会采用裁员的方式减少自身人力成本，造成就业减少，更不用说吸引外来劳动力了。第二，北京是我国的政治经济文化中心，行政管理水平较高，制度实施的监管严格，进一步增加了对企业成本的影响，增强了企业对最低工资标准上升的反应。第三，一些劳动者尤其是低薪劳动者，都对最低工资制度的相关规定并不清楚甚至不知道最低工资规定的存在，对北京市最低工资水平不了解，因此，最低工资并未达到吸引外来劳动力的效果。

而地区生产总值的提高会增加就业量的结果也并不让人意外，北京作为我国首都，经济发展迅速，其经济的发展一方面吸引了更多的劳动力涌入，另一方面经济增长创造了更多的就业岗位，自然会提高劳动力搜寻与比配的成功率，吸引外来劳动力。

但由于影响劳动力供给还有许多其他因素在模型中没有表现，因此很难肯定模型反应的负效应是全部来自于最低工资影响，并不能就此得出结论，认为最低工资对劳动力供给会产生消极影响。譬如产业结构调整带来的新兴产业超过传统产业，新兴产业所需要的是高技能、高素质的人力资源，由此可能会导致高技能劳动力进入劳动力市场，由此会导致低技能的人群失业，使得外来劳动力供给增加减缓。

（二）政策启示

实证分析得出北京市最低工资对外来劳动力供给具有负效应，而在最低工资不断上调的基本趋势的基础上，针对政府需扩大就业，解决用“用工荒”和结构性问题，保证劳动者权益，本文提出以下建议：

1. 增加最低工资上调力度

从上文的分析中可以发现，北京市的最低工资占职工平均工资和人均GDP的比重都低于世界平均水平，最低工资偏低的情况并未得到显著改善。因此增加最低工资上调力度有利于改善低收入就业者的生存状况，能更有力地保障低收入群体的利益。

2. 政府应加强对最低工资制度相关的宣传教育

一方面提升企业对最低工资制度的认识水平，增强企业主守法意识。同时也可以达到促使其通过提高劳动生产率，增加资本技术投入等方法降低成本，以应对人力成本的上升的目的。技术的发展同时也有利于产业结构升级，发展高新技术产业，推动区域经济发展。另一方面增强劳动者的维权意识，增强其维权能力。

3. 政府应完善促进劳动力就业的配套政策

例如进一步落实失业保险中的再就业政策，建立基本劳动技能培训机构等，以帮助低技能劳动力人群进行人力资本积累。因为当实行最低工资制度时，一些人力资本低的工人由于其边际生产力低于最低工资水平，当厂商按照边际生产力低价来雇用工人时，这些工人将无法被企业雇用。虽然这些工人在短期内无法改变自身的人力资本，他们将会面临失业。但是，从长期来看，再教育可以帮助这些工人提高其人力资本。当提高人力资本的成本不是足够的高，失业的工人就会有积极性去提高人力资本实现再就业，从而降低最低工资标准提高对低收入群体的就业负影响。

参考文献：

［1］中华人民共和国劳动和社会保障部．最低工资规定［Z］．北京．2004-01-20.

［2］Charlene M.Kalenkoski，Donald J.Lacombe.Effects of Minimum Wages on Youth Employment：the Importance of Accounting for Spatial Correlation[J].Journal of Labor Research，2008，294.

［3］Joseph J.Sabia.The Effects of Minimum Wage Increases on Retail Employment and Hours：New Evidence from Monthly CPS Data[J].Journal of Labor Research，2009，301.

［4］Rand W.Ressler，John K.Watson，Franklin G.Mixon.Full wages，part-time employment and the minimum wage[J].Applied Economics，1996，2811.

[5] John T. Addison, McKinley L. Blackburn, Chad D. Cotti. Do minimum wages raise employment? Evidence from the U.S. retail-trade sector[J]. Labour Economics, 2009(16): 397-408.

[6] Hiroaki Sasakia, Jun Matsuyamab, Kazumitsu Sakoc. Structural Change and Economic Dynamics[J]. Elsevier, 2013, 26: 61-72.

[7] 马双，张劼，朱喜. 最低工资对中国就业和工资水平的影响 [J]. 经济研究，2012，5：132-146.

[8] 刘苓玲，黄钢. 最低工资标准的就业效应研究——基于 30 个省际面板数据的实证分析 [J]. 产经评论，2015，1：143-160.

[9] 石娟. 最低工资对中国就业的影响研究 [D]. 武汉：华中科技大学，2010.

[10] 贾朋，张世伟. 最低工资标准提升的劳动供给效应——基于回归间断设计的经验研究 [J]. 中国人口科学，2012，2：25-35，111.

[11] 王弟海. 从收入分配和经济发展的角度看我国的最低工资制度 [J]. 浙江社会科学，2011，2：11-17，155.

作者单位：河北大学经济学院

产业发展与结构优化

河北省旅游服务贸易存在的问题及对策研究

陈亚峰

一、河北省旅游服务贸易存在的问题

虽然跟改革开放之初相比，河北省旅游业取得了翻天覆地的变化，旅游服务贸易从起步到小有规模。可是，若将其与江浙一带、北京等发达地区作比较，就可以很明显地看到，河北省旅游业、旅游服务贸易在很多方面还存在欠缺，河北省还需努力奋发向上。本文在这里将对河北省旅游服务贸易存在的问题予以说明。

（一）河北省经济基础薄弱，旅游基础设施不够完善

作为典型的农业大省，河北省人口的相当大部分都是农业人口。2014年，河北省城镇化率只有48%，比全国平均水平53.7%还要低，与北京的86.3%及天津的83%相比，更是相差甚远。

城镇经济较乡村发达，旅游基础设施也相对完善，交通方便，城镇化能够给旅游业的发展提供有利的条件，而且，对旅游产品的开发也是城镇更胜乡村一筹。可见，如果某个地区的城镇化水平较低，那么，就会阻碍该地区旅游服务贸易的发展。因为经济较落后地区资金贫乏，用来发展旅游业的资金数量就会很有限，旅游相关配套设施也不健全，没有办法给旅游产业做坚强后盾，这些还会降低外界投资者的投资热情，从长远来看，旅游服务贸易很难实现快速发展。

从旅游交通来看，河北省的交通运输系统层次还不够高。铁路和公路的旅客周转量最多，铁路和公路是河北省游客主要的通行方式，水路和民航在客运量方面则明显落后，对民航而言更是如此，河北省目前直达旅游景区景点的航线太少，旅客周转量较低，民航还未发挥出应有的作用。

旅游景区景点的相关配套设施的建设还有些滞后，还不能跟上旅游者需求的步伐。

（二）旅游企业竞争力弱，结构不合理

旅游企业涉及的范围很广，像旅行社、星级饭店、宾馆，甚至是出租车辆给游客的公司，均属于旅游企业。旅游企业能够为旅游者提供各种服务，因此，旅游企业在旅游业、旅游服务贸易中扮演着十分重要的角色。河北省的旅游企业规模经济不明显，经营质量低，其竞争力本来就无法与国内发达地区相比，再加上国际旅游集团进军内地市场，河北省的旅游企业受到的挑战就更大。

河北省目前的旅游企业大部分都属于中小型，旅游集团数量偏少。大型旅游企业能够形成规模效应，他们大多都拥有一批能力较高的管理者以及素质较高的服务人员，有足够的条件为游客提供满意服务，并且他们能率先研发旅游产品，从而充分开拓旅游市场。中小型的旅游企业与之相比，则相差甚远。中小型的旅游企业资金有限，难以施展拳脚，员工素质也不够高，当然为游客提供的服务就会打折扣。河北省以中、弱、小旅游企业居多的结构显然是不合理的，这种局面导致河北省的旅游企业难以形成规模效应，阻碍发挥产业优势，是亟待改变的。

（三）旅游从业者总体素质不高，缺乏旅游专业人才

河北省受过专业培训的旅游从业人员较少，大多数的从业者经验不足，很难为旅游的发展提供科学的决策，不利于河北旅游做大做强。河北省旅游从业人员的服务意识也不强，不能为游客提供人性化的服务。而且，省内旅游服务领域缺少外语人才，很多旅游从业人员不能熟练掌握诸如俄语、韩语、日语等河北旅游客源量较大的周边国家的语言。其他专业人才，例如熟悉国际服务贸易的研究员、金融家、工程师、精算师、审计师等明显不足。这种缺乏高素质的管理人员的现状，阻碍了河北省旅游业的发展。

虽然现在河北省内有不少高校都设有旅游专业，每年毕业的受过旅游专业知识教育的学生也有很多，但是，这些学生中只有少数留在旅游行业，大部分都纷纷转行。究其原因，主要是旅行社行业待遇太低。许多毕业生表示，从事旅游工作每个月的工资还不及餐馆服务员的工资高，在如今人民生活水平越来越高的社会形势下，真的很难维持生计。连旅游专业的学生都不愿进入旅游行业，那其他的人就更不用说了。

（四）河北省旅游服务贸易相关法律法规不健全

在一系列的研讨、修改下，《中华人民共和国旅游法》在 2013 年 4 月出炉，这套新的旅游法自 2013 年 10 月 1 日起，开始实施。可是，仅仅一部旅游基本法是不够的，现在中国的旅游行业有很多行政法规，但是那些法规权威性不高，有相当一部分都没有得到具体执行。河北省旅游市场在法律规范方面也和上述全国的情况一样，不够健全。比如，游客在享受旅游饭店、宾馆等从业人员的服务时，发现与对外界宣传的有所不同，游客感觉受到了欺骗，但是又没有足够的理由与对方进行辩驳。这类具体的事件目前还没有法律法规加以规范。

自从中国加入世界贸易组织以来，中国的旅游市场与外界的联系就越来越密切，国际旅游服务贸易的发展程度也日渐提高，河北省自然也不例外。因此，制定适应旅游市场国际化发展的法律法规显得很重要。如果河北省一直固守旧局、对不健全的法律法规不引起足够重视，那么势必会阻碍河北省旅游服务贸易的健康发展。

（五）旅游创新能力不足

河北省的旅游资源以观光型为主，旅游产业发展主要围绕景区展开。然而，近年来，旅游业的发展呈现出新的特征：一是旅游越来越大众化。以前，旅游是只有那些收入较高者才能享受的消费，面向的人群很狭窄，而当今时代经济的大发展，使得很多家庭都达到了小康水平，普通老百姓的收入较之几十年前已高出很多，他们的闲暇时间也逐渐增多，这些都会使大众旅游人数不断攀升。二是旅游散客化特征越来越明显。近几年，私家车市场日益繁荣，私家车陆续走进了寻常百姓家，很多游客不愿意随团旅行，而更倾向于自己开车到旅游景区景点自由地游览。三是网络在旅游市场中发挥着日益重要的作用。许多游客都会在网络上查找旅游信息，而且，有的网站还开设了网上虚拟旅游。面对这些新特征，河北省也应该根据自身情况实现本土创新，跟上时代发展的步伐。

面对上述新特征，河北省如果仍以观光旅游为主，那么旅游产业就很难取得突破性的进展。

二、河北省旅游服务贸易发展的对策建议

（一）加强政府引导，努力完善旅游基础设施

河北省政府应该在市场配置资源的基础上，对旅游市场充分发挥引导作用。省政府应根据《服务贸易总协定》进行政策创新，逐步开发旅游服务贸易市场。应该鼓励中小型的旅游企业联合起来，合并成大型旅游集团，成立旅游集团管理委员会，对各集团内不一致的战略进行引导。政府还应设立旅游发展基金，给旅游企业改善设施和研发旅游产品提供资金支持，对暂时资金周转困难的企业给予援助；还可以在每年年终的时候，对旅游企业的各项指标进行测评，评出绩效较好的企业，并给予奖励，而对绩效差的企业则在一定程度上实施惩罚，鞭策旅游企业积极发展进步。银行可以根据政府对旅游企业的测评结果，对绩效好的企业贷款的还款期限适当放长。对于某些规模小、成长速度却很快的小型企业，银行可以提供优惠贷款业务。另外，河北省政府还应该积极招商引资，多方位吸引社会资

金和区外投资，鼓励省内的旅游企业和省外规模较高的旅游企业合作，学习那些高规模的旅游企业的经营管理方式。

除了对旅游企业的改造升级外，河北省还需要完善交通运输系统。河北省的红色旅游大都位于交通不便的落后地区，政府应该拨款修建通往景区的铁路、公路，以方便游客进入景区，为红色旅游提供交通保障。公路所需完善的地方也很多，不仅要打通偏僻旅游景区景点的公路线，而且对于有些较差的路况，也需要进行大量整修。河北省还应该完善渤海湾等省内沿海地区的水路系统，以方便居住在沿海地区的游客到河北来旅游。民航是需要改进的重点，应该兴建大型机场，开拓多条省内与外界直飞的航线，国际航线是不容忽视的。总之，河北省亟须构建发达的水、路、空交通系统。

旅游景区景点的相关配套设施也需要进行改造或重新配置。撤销陈旧的标志牌，用新的更加清晰的标志牌取代；防雷电的设施需要定期检查是否完好；破旧的厕所需拆除重建；景区游客服务中心也要与时俱进。

（二）调整旅游企业内部结构，不断提升旅游企业的竞争力

河北省应加快推进旅游企业改革的步伐，借鉴西方发达国家先进的经营管理理念。旅游企业应成立董事会、监事会，企业内部的决策需经过董事会的集体商议才能实施，监事会应重视自己的职能，监督旅游企业的运作和经营，监事会还应发扬民主精神，设立意见反映箱，基层员工对经理层的工作不妥之处以及自己对企业发展的独特建议可以反馈到意见箱。旅游企业还需设立奖惩制度，对工作表现出色的员工给予丰厚的奖励，而对不尽责等怠慢行为要进行惩罚。

针对河北省小规模中小企业居多的局面，应坚持优胜劣汰的原则，淘汰不符合市场要求的弱小企业，鼓励旅游企业进行兼并整合，培育中小企业集群，加强协作。旅游企业应加强对多元旅游产品的经营和开发，探索企业产品营销策略，强化对主要客源国和客源地的宣传促销。旅游企业还应跟上时代发展的步伐，开拓创新，不断提高自身的竞争力。

（三）注重培育高服务水平的旅游行业内人才

在具体实施人才培育策略的实践中，一方面，河北省内高校需改革专业设置结构，细分旅游专业，包括旅游企业管理、景区管理、客户服务、导游等多个方向；高校除了理论教学之外，还应注重培养学生的实际操作能力，可以和企业签订协议，联合培养旅游人才，学生在企业实习表现良好的，可就地工作。另一方面，河北省政府兴办旅游人才培训班也是一个很好的策略，现行经验不足的旅游从业人员，可以报名参加培训班的专业培训，还有，对于紧缺人才的领域，要下大力气做好培养工作。另外，在当今信息化时代，河北省也可充分利用网络信息平台，通过网络课程班培训各类旅游从业人员，创新人力资源开发的工作。

旅游企业如果资金充足，可以高薪聘请海外优秀的旅游管理人才，给企业自身注入新的血液。对旅游企业来说，将一部分工作能力突出、奋发向上的员工送到发达国家的大型企业进修学习也是一个不错的人才培养方式。另外，还应该要求旅游业人员严格执行ISO国际服务质量标准，提高旅游服务的质量。总之，河北省应尽快形成能提供优质服务、业务水平高的导游、服务员、营销人员、管理人员为复合体的旅游人才体系。

（四）重视旅游服务贸易法律法规建设

河北省应根据本省具体情况，在国家有关旅游服务贸易法律法规规定的范围内制定解决省内旅游市场现实问题的法律法规，从而规范旅游市场秩序。还可借鉴其他省份，出台法规来约束旅游企业，使它们合法经营、竞争。另外，培训熟练旅游法律的专业型人才是关键。如果旅游市场发生纠纷，由这些专门人士进行解决，不仅效率高，而且会较公正。河北省政府法规的制定者需要经常深入实践调查，一方面，检查法律法规的实施情况；另一方面，根据旅游市场的现实对法律法规进行完善。

（五）鼓励旅游创新，发展新型旅游

如今，越来越多的人热衷于互联网，网络更能够吸引年轻人群。旅游企业若想开拓市场，就不得不重视开发旅游电子商务，在网上宣传促销旅游产品。旅游景区景点可以利用高新技术在自己的网站设立虚拟旅游业务，游客只需坐在电脑前、在联网登录后就可以点击鼠标游览风景名胜。这种足不出户的旅游方式随着时代的进步会变得越来越受欢迎。另外，旅游企业应该打破常规的思维方式，创新旅游产品。

新型旅游，包括生态旅游、工业旅游以及经贸旅游等。现在上班族的压力很大，繁重的工作压得人们透不过气，都市越来越多的人患有抑郁症。生态旅游在解决这类问题时有着独特的作用，因为生态旅游是贴近大自然的，它能使人们回归自然，放松身心。河北省已建立29处森林生态、湿地生态和野生动物类型等自然保护区。可根据这些优越的条件，吸引国内外游客到河北游览、休闲。

工业旅游是随着经济的发展兴起的，目前像海尔、宝钢之类的大企业已经尝试向游客开放，旅游者可以深入企业体验、观光。此举可以说是双赢的，一方面旅游者增加了对产品生产过程的了解，开拓了眼界；另一方面企业可以节省出宣传产品的广告费，有助于产品销售。河北省也应该将长城汽车之类的大型公司向省内外旅游者开放，从而增强消费者对河北企业的了解。

会展旅游也属于新兴旅游产业，会展业是会议业和展览业的总称。河北省在2015年已经拥有超过400万平方米的展览面积及400多个会展项目，在这之中，1万平方米与3万平方米的项目分别为75个和22个①。这些数据表明，河北省的会展业已经取得了突破性的进展。在此基础上，河北省还应设立培训机构，以培养专业性的会展人才；省政府还需设立会展管理委员会，管理会展各环节的事物。由于河北省是农业大省，农产品丰富，还可以探索农业会展之路。

三、结论

本文首先从五个方面分析了河北省旅游服务贸易存在的问题，即旅游基础设施还不完善；旅游企业规模小、竞争力不强；旅游专业人才还很缺乏；旅游相关法律法规不健全；旅游创新能力不足。如今，旅游服务贸易在经济发展中的地位越来越重要，河北省的旅游服务贸易面临着实现跨越式发展的紧迫要求。因此，本文接着提出了河北省发展旅游服务贸易的一些对策：河北省需要对交通运输系统、旅游企业、景区景点的配套设施进行升级改造；培养旅游专业人才；完善旅游相关法律法规；河北省更需要注重旅游创新，发展生态旅游、工业旅游、会展旅游等。希望本文对促进河北省旅游服务贸易的发展有所帮助。

参考文献：

[1] 杨志伟．河北省旅游服务贸易竞争力分析 [J]．商，2012，7.

[2] 宋薇．秦皇岛发展国际旅游服务贸易的对策研究 [J]．中国证券期货，2013，5.

[3] 李莉、万红先．安徽旅游服务贸易现状及对策研究 [J]．皖西学院学报，2010，4.

[4] 李亚波、杨荣海．区域旅游服务贸易竞争力研究——以云南省为例 [J]．技术经济与管理研究，2012，5.

[5] 邹滨．我国旅游服务贸易竞争力分析 [J]．广西财经学院学报，2009，11.

[6] Hassan.Salah S.Determinants of Market Competitiveness in an Environmental Sustainable Development [J].Journal of Travel Research，2000，38.

作者单位：河北大学经济学院

① 来源于《河北省会展业“十二五”发展规划》。

基于区位熵的河北省典型地区旅游业接待游客情况分析*

王　彦　谢东辉

根据《京津冀协同发展规划纲要》中对河北的定位是"全国现代商贸物流重要基地、产业转型升级试验区、新型城镇化与城乡统筹示范区、京津冀生态环境支撑区"。可见，在京津冀协同发展的背景下，要改善京津冀的生态环境、实现河北的产业转型升级和河北新型城镇化建设，大力发展河北省的旅游业就显得尤为重要。

目前，区位熵主要应用于土地利用变化、土地的空间结构分析、第三产业的发展和主导产业的选择问题。旅游产业对区位熵的应用主要集中在旅游产业结构的空间差异、旅游集群产业集聚度评价。从某个城市接待游客的数量可以看出该城市旅游业发展的好坏，因此笔者参照前人的成果，将区位熵应用于河北省典型旅游城市的接待游客情况分析，可以得到各城市接待游客的差异情况，并从中分析出导致各地区旅游业发展缓慢的原因，为河北省大力发展旅游业提供一定的参考。

一、研究区域概况

河北地处京津，东环渤海海域，地理位置优越。拥有海滨、平原、湖泊、森林、高原、山地、丘陵等丰富的旅游自然资源。同时河北省是中华文明的发祥地之一，积淀了燕赵和元、明、清历史文化，拥有具有浓郁人文气息的文化旅游资源。河北省著名的旅游景点有承德的避暑山庄、唐山的清东陵、保定的清西陵、石家庄的赵州桥和号称华北明珠的白洋淀等。河北省总体的景点概况如表1所示。

* 基金项目：河北省社科联民生调研课题"河北省海洋旅游发展测度及应用研究"（项目编号：201701507）。

表 1　河北省著名景点的统计图

5A 级景区	8 个	国家级风景名胜区	10 个
4A 级景区	41 个	国家级森林公园	26 个
3A 级景区	46 个	国家级自然保护区	13 个
2A 和 1A 级景区	80 个		

改革开放以来，河北省政府重视旅游产业的发展，并将旅游业作为本省主导产业来规划，使得河北省的旅游业得到飞速发展，带动了地方经济和提升了河北省的经济实力。到 2015 年河北省的旅游收入突破 3000 亿元，接待国外游客人数也突破百万，可见河北省在发展旅游业方面取得了显著的成绩。

二、数据来源及研究方法

（一）数据来源

为进一步了解河北省旅游业的发展现状和加快河北省旅游业的发展，本文选取了各城市接待游客人数为本文研究的重要指标，从而对各城市旅游业的发展现状进行评估。考虑到研究区域的可比性和数据的可获得性，本文选取的河北省的典型地区为秦皇岛市、承德市、石家庄市、廊坊市、保定市、邯郸市和唐山市 7 个地级市。这 7 个城市凭借旅游业的发展实力在河北省地级市中被评为优秀的旅游城市。本文研究数据主要来源于《中国区域经济统计年鉴（2014）》，包括河北省地级市接待入境游客人数和国内游客人数的数据，然后运用区位熵对以上两个指标进行分析。

（二）研究方法

区位熵又称“专门化率”，其中熵表示比率的比率，区位熵是由哈盖特（P. Haggett）提出并应用于区位的分析中。其在反映某一区域的要素分布情况、某一产业部门的专业化程度和某一区域在高层次区域的地位和作用具有重要意义。本文拟通过区位熵分析河北省 7 个优秀旅游城市的接待入境旅游者人数和接待国内游客的区位优势，以得出各地区接待入境游客和接待国内游客的区位优势。本文运用如下方法计算区位熵：

假设本文所研究旅游业的指标包括 n 个，选取的地区有 m 个，记 Q_{ij} 为 i 地区 j 指标的数值，令：

$$I_i = \frac{Q_{ij}}{\sum_{j=1}^{m} Q_{ij}} \tag{1}$$

$$P_i = \frac{\sum_{j=1}^{m} Q_{ij}}{\sum_{i=1}^{n}\sum_{j=1}^{m} Q_{ij}} \tag{2}$$

$$\alpha_i = \frac{I_i}{P_i} \tag{3}$$

式中 α_i 被称为 i 地区 j 指标的区位熵；I_i 为 i 地区 j 指标占该地区 j 指标的份额，P_i 为 j 指标的数值之和占研究区域的数值总和的比重。α_i 的值越大，说明该城市接待该类型游客在河北省有区域优势；α_i 的值越小，说明该城市接待该类型游客在河北省有区位劣势。通过计算河北省典型地区的接待游客的区位熵值，可以反映河北省典型城市中接待游客的区位优势情况。

区位熵的极差即某个指标中区位熵的最大值与最小值之差，区位熵极差的大小可以衡量河北省 7 城市接待国内游客和入境游客的差异情况。极差值越大说明各城市接待游客人数在地区间的差异越大，极差值越小说明各城市接待游客人数在各地区比较集中。

区位熵的值越高，该地区就越具有区位优势。在区位熵的计算中一般来说：当 $\alpha_i > 1$ 时，表明 j 地区的景点接待游客人数在全国来说具有区位优势；当 $\alpha_i < 1$ 时，表明 j 地区景点接待游客的人数在全国来说具有区位劣势；当 $\alpha_i = 1$ 时，表明 j 地区景点接待游客的人数已达到了全国平均水平。

三、结果分析

以 2013 年河北省 7 个优秀的旅游城市的数据为基础，根据公式（1）计算出 7 个城市的区位熵值，然后按从小到大排列如表 2 所示：

表 2　河北省旅游人数的区位熵分析

序号	地区	入境旅游人数的区位熵	地区	国内旅游人数的区位熵
1	邯郸市	0.28	承德市	0.99
2	保定市	0.52	秦皇岛市	0.99
3	唐山市	0.56	廊坊市	1.00
4	石家庄市	0.62	石家庄市	1.00
5	廊坊市	1.60	唐山市	1.00
6	秦皇岛市	2.10	保定市	1.00
7	承德市	2.47	邯郸市	1.00

在接待入境旅游人数和国内旅游人数中，区位熵最大的是承德市的接待入境旅游者人数（值为2.47）。反映了河北承德接待入境旅游者人数的区位优势比较明显。主要原因是除了它自身具有独特的历史文化资源之外，承德比较注重国际方面的宣传和能够清晰地界定其目标顾客（主要以韩国为主的东南亚国家游客）。居第二位的是秦皇岛（值为2.10），作为中国著名的海滨城市之一，它占据了有利的地理位置和丰富的海滨旅游资源，而且有良好的旅游口碑，这也成为秦皇岛入境旅游人数最多的重要因素。还有最重要的因素就是秦皇岛的经济发展水平比较高，旅游基础设施建设比较好，对客源的市场吸引力比较大。区位熵最小的是邯郸市（值为0.28），但是从接待国内游客方面来看，邯郸市居于河北省7个城市中的平均水平，但是却没有对国外的游客形成一定的吸引力，可见邯郸市的旅游文化宣传力度不够，没有界定好国外目标人群；此外邯郸市处于河北省的内部，其交通不发达也成为接待入境游客不具区位优势的重要原因。

而国内旅游人数的区位熵值分布比较集中，廊坊市、石家庄市、唐山市、保定市和邯郸市区位熵的值都是1，承德市和秦皇岛市区位熵的值为0.99。这说明在河北省的这7个优秀的旅游城市中，接待国内游客的人数基本上并无差异。但是需要指出的是，这7个城市接待的入境游客和国内游客的数量差距巨大，说明河北省的优秀旅游城市还是以接待国内游客为主。

从区位熵的极差角度来看，极差的最大值产生在接待入境游客的人数方面（值为2.19），说明河北省的这7个优秀的旅游城市接待入境旅客人数差异巨大。秦皇岛、承德和廊坊对于接待入境游客表现出明显的区位优势，邯郸、保定、唐山和石家庄处于区位劣势。极差的最小值产生在接待国内游客人数方面（值为0.01），这说明在接待国内游客方面河北省的这7个城市并没有表现出特定的差异。接待入境游客人数的差异可以通过洛伦兹曲线更加直观地表示出来（如图1），河北省7个城市接待游客人数的差异是以洛伦兹曲线的弯由程度来表示的，曲线越弯曲，说明河北省的7个城市接待游客的数量差异越大，从图中可以看出，洛伦兹曲线还是比较弯曲的。再通过计算河北省接待入境游客的基尼系数（值为0.38），根据国际标准，说明虽然河北省7个城市在接待入境游客方面存在一定差异，但是差异范围处在相对合理的范围之内。

从区位熵的取值范围来看，廊坊、秦皇岛和承德在接待入境游客人数方面区位熵的值都大于1，说明和全国水平相比，廊坊、秦皇岛和承德在接待入境游客方面在全国具有区位优势，而邯郸、保定、唐山和石家庄在接待入境游客人数方面区位熵的值小于1，说明这4个城市在接待入境游客方面在全国具有区位劣势。在接待国内游客方面，河北省的这7个城市区位熵的值约等于1，说明河北省这7个城市的旅游业处于全国水平，在全国并不具备区位优势。

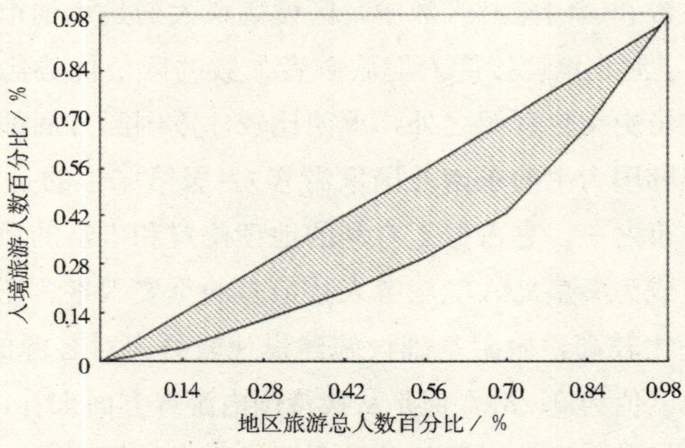

图 1　河北省 7 个城市接待入境游客人数的洛伦兹曲线

四、总结与建议

通过以上的分析可以看出在接待入境旅游人数方面差异巨大，因此河北省的其他地区应重新定位，寻找接待扩大入境人数的突破口，并根据自身的条件合理制定旅游规划，以吸引入境旅游人数。在接待入境旅游人数方面虽然承德和秦皇岛较有区位优势，但在接待国内游客人数方面并没有全国方面的优势，这就需要河北省的优秀的旅游城市除了要提高接待入境的旅游者人数，还要提高接待国内的旅游者人数。从接待国内的旅游者人数并没有区位优势可以看出，河北省的这 7 个优秀的旅游城市在全国并没有竞争力，因此河北省政府可以从以下方面提升河北省的旅游实力。

从提升入境旅游人数方面，首先，应加强河北省著名景点的对外宣传。旅游是“眼球经济”，应充分利用报刊、电视、广播和互联网等途径宣传河北省的旅游资源。其次，河北省的各旅游城市可以分析目标消费群体的需求，划定自己的旅游消费群体以吸引更多的外来游客。最后，构建完善的交通系统，为吸引外来游客提供硬件基础。

从提升国内旅游人数方面，河北省的这 7 个城市可以从以下几个方面提升自身的旅游实力：第一，应完善相关的旅游相关政策，规范旅游市场秩序。同时设置相关的监督机构，以监督相关的法律执行和完善旅游的政策法规。第二，在政府的引导下，充分挖掘自身的旅游潜力和提高研发新型旅游模式的能动性。第三，进一步完善相关的旅游设施，完善旅游景点的交通和提升景点的服务水平等。第四，加强旅游专业相关人才的培养，提高旅游的服务质量以适应旅游业的发展。第五，加强旅游产业链条的建设，强化交通、餐饮、购物、住宿等配套行业的建设发展，以更好地满足消费者的需求。第六，实施 PPP 发展模式，实施 PPP 融资的发展模式，能够解决旅游业融资问题，促进旅游业的大力发展。

参考文献：

[1] 赵小汎. 区位熵模型在土地利用变化分析中的新运用 [J]. 经济地理，2013，2：162-167.

[2] 赵乐，朱建玲，刘南等. 浙江东部沿海城市建设用地空间结构分析 [J]. 经济地理，2010，3：494-500.

[3] 纪培端，吴秋盈，黄海阳. 我国一线城市第三产业发展的区位熵研究 [J]. 中国统计，2016，8：70-72.

[4] 梅蕾，王宝，崔林影. 基于空间 DSSM——区位熵的内蒙古服务业主导行业选择 [J]. 商业研究，2016，12：88-95.

[5] 张佑印，顾静，黄河清. 中国区域旅游产业结构变化的空间差异分析 [J]. 经济地理，2012，4：155-159，172.

[6] 曹宁. 基于区位熵方法的旅游集群产业集聚度评价：以沈阳市为例 [J]. 辽宁大学学报(哲学社会科学版)，2013，5：84-88.

[7] 吴翠华. 为承德创建国际旅游城市营造良好氛围 [J]. 中国报业，2011，2：76-77.

[8] 王明霞，胡丽娟. 秦皇岛入境旅游人数的影响因素分析 [J]. 企业导报，2013，6：140-141.

作者单位：河北大学经济学院

城市交通建设与经济发展的相关性研究

——以保定市为例

宋秋丽

一、引言

近年来，经济学领域十分关注交通基础设施完善程度与经济发展的相关关系，并进行了一系列相关方面的研究。在京津冀协同发展中，交通先行，交通一体化程度是进程比较快的，随交通的建设，保定市经济受到不同方面的影响。

保定市是我国历史文化名城。2015 年 5 月保定市获批对本市的行政区划进行调整，从而使保定市由以前 312 平方公里的市区面积增加到新规划后的 2531 平方公里，市区面积仅次于张家口、唐山，居全省第三；同时，原来 119.4 万人的市区人口翻了一番多，市区人口增加至 280.6 万人，市区人口仅次于石家庄、唐山，也居全省第三位，未来保定正规划由Ⅱ级大城市向特大城市发展。随着京津冀协同发展进程的加快，河北省各地城市需要有更多的城区面积来承接北京的非首都核心功能。当然只扩充城区面积是远远不够的，关键需要各项基础设施等的完善来支撑产业的转移，交通建设是很重要的环节。

二、交通基础设施与经济发展的相关研究

近年来，我国很多学者对交通基础设施与经济发展之间的关系进行研究，刘生龙（2010）基于一个巴罗类型的增长模型以及对该模型进行分解，通过实证分析出：交通基础设施与我国经济增长之间存在着显著的正相关性，同时，还在不同的区位中扮演重要角色。张学良（2012）认为要考虑交通基础设施的空间溢出效应来分析其对经济增长的总效应，如果不做相关考虑就会高估交通基础设施对区域经济增长的作用；同时他也认为交通基础设施的建设并不是拉大我国各地区间收入差距的最主要原因。周孝文（2010）提出建设高

速铁路可以为沿线区域经济发展带来新的变革和新的契机，还可以优化区域的交通运输结构，构筑绿色、环保的交通运输体系，保障实现经济社会的可持续发展。作为经济增长的助推性因素，冯伟、徐康宁（2013）认为交通基础设施可通过空间溢出效应、产业集聚效应等几方面对经济发展产生很大的功能作用，因此要重视和深入研究现代化交通体系对区域协调发展的效率量化等方面的影响。

三、保定交通基础设施建设情况

保定的交通运输方式主要包括公路、铁路、航空以及城市公交这些方式，随着自身城市规模的扩大，在京津冀协同发展进程加快的今天，保定与京津的距离越来越近，为了承接京津产业转移和功能，保定自身城市交通网络化发展日益密集化，通车里程、货运量和客运量逐年增加。

（一）公路方面

截至 2016 年 3 月，保定市公路的通车里程达到22 007公里，公路路网密度 99.5 公里/百平方公里，其中高速公路里程达到 958 公里，已经形成了“三纵三横一环”的高速路网格局。普通干线公路里程约为 2381 公里，农村公路里程达18 668公里，全市共有一级、二级客运站 24 个，县际以上客运班线 1900 条、客运班车 4916 辆，旅游车 380 辆；载货汽车 17.7 万辆，货运量很大。

为了助推京津冀协同发展，保定市将密布公路网，实现高速公路与国道、省道的互通，形成多通道连接京津，保定地区县县全覆盖通高速的全方位公路网。据规划，保定市的高速公路里程在 2020 年将达到 1300 公里，共形成 6 条连通北京和天津的高速公路通道，同时也尽可能多地连通周边城市，通过高速公路实现保定到北京、天津、石家庄的“100 分钟交通圈”、至各县的“1 小时交通圈”①。

（二）铁路方面

保定市境内现有 4 条国家干线和 6 条高铁，在 2015 年年底建成津保城际铁路后，保定到天津的时间也减至 1 小时内。已经开通高铁的保定在京津冀地区的中心位置，是交通网络的重要节点。在已获批的《京津冀地区城际铁路网规划》中，发展目标是基本实现京津保 1 小时内的交通圈，有效引导京津冀地区空间布局规划和促进产业转型升级。近期规划建设项目（2016～2020），固安到保定城际铁路于 2016 年年底开工建设，全线共设置 9 个站，全长 106 公里；远期目标为，到 2030 年基本形成骨架为“四纵四横一环”的城际铁路

① 《河北保定将建设综合交通运输枢纽城市》http://hebei.news.163.com/14/0829/20/A4RHK5BV02790ADN.html

网络。

（三）在航空方面

目前，在保定辖区内有保定江城机场，但暂时仍不提供民航服务。保定地区航空客运出行主要是通过保定周边的石家庄正定国际机场、北京首都国际机场、天津滨海国际机场，这几个机场均有高速公路和高铁与保定进行连接，保定在航空方面有很大的发展潜力。

（四）城市公交方面

据2016年11月保定公交总公司官网数据显示，保定市有运营公交车辆1357辆，其中公交车混合动力车298辆，新能源车651辆。经营公交客运线路66条，学生专线8条，定制公交线路10条，线路总长度1023.2公里，职工人数2000余人，客运量每天40余万人次。市区出租车拥有量达3000多辆，为了缓解雾霾影响，保定市大力提倡居民选择公共交通出行，2015年和2016年冬天都实行阶段性的公交免费措施。

为了合理优化保定公交的布局，保定市政府与公交公司联合调整一些公交车的行车路线，建成科学的公交线网，提高公交线网覆盖率；在开辟新路线时，考虑新建成的公交枢纽。自2015年，保定开始建设BRT（快速公交系统），通过快速公共交通设施为市民提供快速便捷的出行条件。到2030年，保定可能也会像石家庄一样作为大型城市来修建地铁，更好地为大众服务。

四、交通发展对保定经济的影响

（一）实现产业结构升级，提升产业承接能力

随着交通网络化发展，公路、铁路的客运和货运量及效率大大提高，京津冀交通一体化能够降低保定地区的物流成本、提高物流效率，使得交通运输与现代物流及关联产业形成联动，从而建立起依托当地的比较优势和资源禀赋，向产业链高端跃进。同时，各种交通设施的专业化分工不仅可以使保定市第二产业的内部结构优化，还能促进保定市第三产业的发展，为保定市带来资源的优化配置，进而带动新一轮的产业布局调整，优化产业结构。

保定作为河北省对接北京的“桥头堡”，有巨大的区位优势，未来保定与京津之间交通的大力发展，对北京地区的产业转移有很大的诱惑力。自2015年，因看好便利的交通，已经有一批大型央企来保定设立机构。比如保定白沟新城，在便利的交通网络规划下加上自身坚实的产业基础与白沟和道国际项目，现如今已经顺利承接了北京大红门商贸的迁移，这给保定其他地区起到一个很好的带头示范效应。交通一体化的发展为本地龙头企业的继续发展壮大提供了有力保证。

（二）提升就业规模

对于保定市来讲，借助京津冀协同发展的国家战略优先开发交通，从而实现交通一体化的迅速发展。北京通过高铁、高速公路等交通设施，已经将保定纳入了40分钟的经济生活圈，保定通过自身地理区位优势以及完善公共基础设施，承接北京产业的转移，从而可以带来大量的就业机会，同时，随着保定对交通基础设施的投资建设，还可以带动保定交通建造业的发展，增加交通建造业的就业人数。因此，在交通基础设施建设发展中，交通的通达性大大提升，对保定地区的就业有很大的促进作用。

（三）“同城效应”带动保定房地产业发展

在当前，随着交通一体化的推进，保定市交通通达能力进一步增强，可以为房地产市场增添新的发展活力，从短期看，吸引一部分投资者、购房者关注保定房地产市场。会有相当部分在北京工作的外来人员由于在京购房压力巨大，如今保定到北京只需要不足1小时的车程，相对于北京拥堵的城市交通，他们有更大的在保定购房的倾向；同时投资者也看到保定的区位优势，以养老地产为例，作为北京的周边城市，保定的房产购置成本和生活消费成本都明显低于北京市，同时公共基础设施建设上也比北京外环区域完善许多，因此在保定养老的综合性价比高于北京。

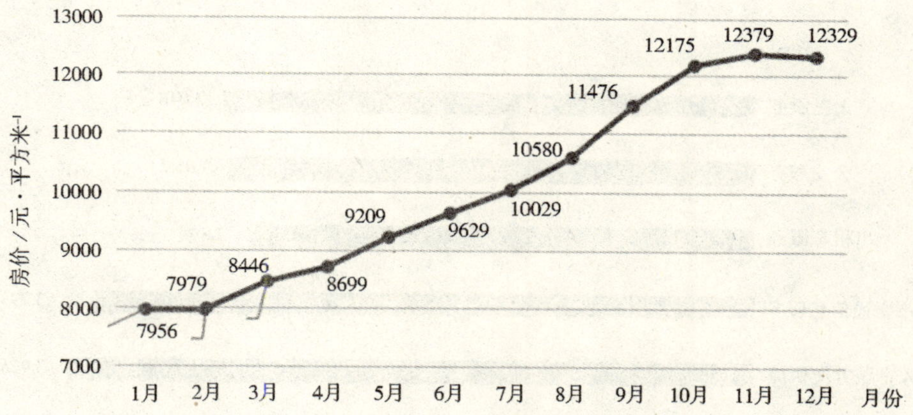

图1　2016年保定房价走势

由于这种“同城效应”的发酵，保定楼市升温，保定市也从中受益。现在已经有一些开发商将养老院等项目选址在保定运营，他们不仅仅为了开发保定市的养老市场，更重要的是看准了北京高端收入人群有很大的养老需求，可以从中获得经济收益，从而带动了保定地产的发展。相关研究表明，尽管大部分有自住房需求的北京务工者在短期内无法同时实现异地工作和异地购房，但是随着交通通达性的提高，人们对保定这座古城的认知度大大提升，这样京津冀区域内的一些投资性需求会在保定地区有适当的流动，这一定程度上活跃了保定的房地产市场。加之，对保定市房产有自住需求的购房者来讲，由于“同城效应”的发酵及外来购房者对房产的需求，短期内使得保定城市住房市场上供不应求，从而房价在2016年呈现下图1的趋势，由2016年年初均价不到8000元，在2016年年末时飙升至12 000多元，涨幅达到55%，房价涨幅全国领先，一枝独秀。

（四）推动保定旅游文化业一体化进程

保定市于1986年被国务院确定为中国历史文化名城，2004年被确定为中国优秀旅游城市。拥有1处世界文化遗产、3处国家级5A级景区等多处旅游景点，保定市交通建设的推进，加速了保定市文化旅游业一体化的进程。高铁所产生的“同城效应”，大大刺激了游客的出行欲望，保定市旅游市场得以迅速扩大；同时为了对接城市交通和外接交通，保定市继续加快本地基础公共设施的建设，推动旅游基础设施建设的整体提高。

通过对保定市裕华路景点的调查，如图2所示，横轴表示旅游者对旅游交通的满意指数，纵轴表示旅游交通服务情况，游客对交通设施完善、进入古城便捷、城市交通信息服务三项指标相对比较满意，说明保定市交通基础设施及配套设施基本可以满足旅游者需求。但是，旅游者对出租车、公交、大巴服务三项指标满意程度较低，因此，要继续改善保定市交通状况，进而促进保定旅游业的发展。

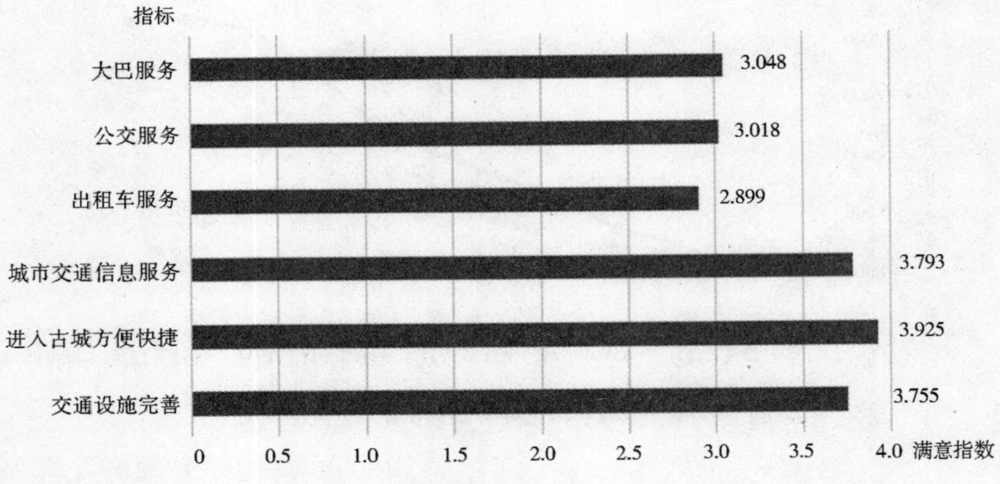

图2 旅游者对旅游交通的感知

（五）促进保定绿色、休闲农业的发展

保定是有丰富的农业资源的农业大市。有“中国桃园”之称的顺平县，仅桃园就有1.33万公顷，望都的辣椒、安国的中草药、阜平的大枣等也都是保定的特色农产品。根据

其区位优势，瞄准京津市场，打造绿色农产品基地，随着交通一体化进程的加快，保定交通建设的网络化、便捷化，保定的农产品可以更便利、迅速地进入京津市场，没有了销路的后顾之忧，农民有更大的信心和动力进行绿色农业生产，保定农业向园艺农业和高档次果蔬种植等方向转变。交通的发展推动了农业的转型升级。

保定休闲农业门类齐全、景观丰富，主要有五类：村落乡镇、田园景观自然山水、民风民俗、农业科普教育基地和休闲度假村。保定目前休闲农业的发展在客源上的缺口只能通过对接北京发展弥补，想要构建休闲农业的北京客源市场需要保定主动对接，充分发挥自身的优势。保定地区交通通达能力的提升，使得保定周边地区的交通和信息状况得以改善，北京旅客可以更方便地到保定周边农村去休闲体验。进而促进休闲农业提高自身发展的水平和档次，通过外在交通、内在服务质量等更好地吸引北京游客。

五、交通基础设施发展给保定经济带来的问题

交通基础设施发展在促进保定经济发展的同时，也衍生出一系列的问题，如下：第一，交通通达性的提高使得人才流动更加便利，在半小时经济生活圈中，北京具有独特的吸引力，这种“虹吸”效应使得大量的人才流入北京，高等知识分子的流失不利于保定地区自主创新能力的提升和现代化企业的发展。第二，由于高铁等的建成，保定地区房地产行业过热，仅 2016 年就上涨了 55%，这加重了购房者的负担，大量资金陷入楼市，很大程度上，保定市的房价和它的实际价值差距很大。第三，保定市机动车保有量达到 200 万辆左右，由于机动车数量众多，城区出现交通拥堵、废气排放等问题，给保定地区的环境造成一定程度的影响，同时保定市出租车司机存在不同程度不规范行为。第四，由于保定市刚刚完成行政区划调整，城区面积刚刚扩大，交通基础设施的完善程度有区域差异，对北京产业转移的承载能力仍旧有限。

六、促进交通与保定经济协调发展的对策建议

由于交通建设对保定经济发展是双向影响的，因此要调整相关产业的发展，进而更好地利用保定现在的交通优势促进相关产业的做强做大、健康发展；同时，保定经济也需要交通设施的进一步建设与合理布局，所以，要十分重视交通的投资状况和城区交通情况。

（一）规范房地产市场

由于交通的便利性使得京津高房价更快地向周边延伸，随着保定市土地市场价格的不断上升，房产价格也不断上涨，造成住宅价格大大偏离本地居民收入水平，进而影响到住

宅房产市场的健康发展。因此，保定市要完善稳定房价的工作机制，通过制定有效调控房产的政策规划，抑制房地产的非理性发展，保障商业和住宅用房的价格稳定和良性发展。同时，还要建立健全促使房价稳定的考核问责制度，抵制投机性投资购房；强化市场监管，明码标价商品房；加强企业的信用管理工作，对中介机构的违法违规行为要严肃处理，促进房地产的合理稳定健康发展。

（二）全面打造保定市旅游文化产业新高地

随着交通一体化的发展，保定地区的交通通达能力越来越强，要努力打造“高铁城市游”的城市品牌，充分发挥保定文化古城的功能。

首先，开发具有竞争力的旅游产品，突出保定的特产，打出口碑知名度，并且开发有个性的旅游产品，设计既能体现保定当地文化特色又能将旅游资源进行整合的特色旅游线路，从而吸引越来越多的游客来保定。其次，加强旅游服务基础设施建设，在高铁站、火车站、客运站等集靠地建立完善的客运、公交、出租车等的停靠点，进而实现城市各式交通与高铁的“无缝对接”，开通旅游直通车，促进旅游业向京津冀大区域延伸，同时要支持重点旅行社设立经营点，完善旅游服务一条龙。最后，要努力提升保定市的城市形象，城市品牌是一个城市重要的软件，因此要努力塑造具有本地特点的文化旅游项目，宣传特色品牌形象；还要对城市特色街区进行科学规划，创建旅游类的公共设施，实现城市环境的综合整治，与品牌形象相适应共同提升城市形象。通过全面打造保定旅游文化产业实现交通发展与旅游业良性互动。

（三）寻求更优的交通建设投资渠道

随着京津冀对高铁的建设规划等，交通基础设施投资问题也需要引起关注。坚持政府主导、多元化投资的渠道，同时也要对新的市场融资方式进行积极探索，使筹资成本减少。在京津冀地区铁路建设中，三地政府成立铁路投资公司，吸引社会各界投资人共同出资开发铁路项目，进而推进各线路投资、建设及资源的综合开发。并且开始实行一种“铁路＋土地”引民资的盈利模式，将铁路附近的土地开发权让渡给愿意参加铁路建设的民间投资商，进而用其通过这些土地得到的升值利益来反哺铁路建设投入，提升民资参与积极性。

同时，还可以积极建设专项基金，进行金融融资，让越来越多的资金进入交通基础设施建设中来，带动保定地区相关企业的盈利和地区经济的发展，明确各方的责任，从而完善交通基础设施的融资中介服务体系，降低社会资金的风险，实现互利共赢，尽可能最大限度地将社会资金的积极作用发挥出来。

（四）改善城市交通，实现智能管理

保定作为一座古城，市中心道路相对较窄，道路承载能力有限，在中途大型公交车掉头难事件时有发生，随着保定经济增长和城市规模扩大，交通拥堵这一“城市病”也在保定开始蔓延，大量机动车上路，造成交通拥堵，这一系列出行问题引发更多的社会关注。

交通不便则万事不顺，解决城区交通问题十分重要，因此要大力发展智能交通，从靠人管向“云时代”管理转变，通过云监控，使用智能交通信号控制系统，根据路口车流量的变化，生成最优的信号灯配时方案，保证道路井然有序。同时还要疏散老城区窄道的通行量，减少公交路线的数量，私家车等也要尽可能少在这些区域集中，将一些产业外迁，合理布局城区企业分布。

参考文献：

［1］毛永辉．“大保定”方案获批　楼市再搭政策顺风车［N］．中国房地产报，2015-05-25（B09）．

［2］刘生龙，胡鞍钢．交通基础设施与经济增长：中国区域差距的视角［J］．中国工业经济，2010，4．

［3］张学良．中国交通基础设施促进了区域经济增长吗？——兼论交通基础设施的空间溢出效应［J］．中国社会科学，2012，3．

［4］周孝文．高速铁路对区域经济协调发展的促进作用［J］．铁道经济研究，2010，6．

［5］冯伟，徐康宁．交通基础设施与经济增长：一个文献综述［J］．产经评论，2013，5．

［6］张绍红，张玉敏，郑琳娜等．高铁开通对保定市经济的影响及其沿线地区发展研究［J］．经营管理者，2013，31：74-75．

［7］河北保定将建设综合交通运输枢纽城市［DB/OL］．http://hebei.news.163.com/14/0829/20/A4RHK5BV02790ADN.html．

作者单位：河北大学经济学院

中国对外直接投资的 ARIMA 和平滑 ARIMA 模型预测

王晨苗

一、引言

近年来，中国的海外合作开展频繁，在“走出去”战略和“一带一路”倡议的推动下，中国对外直接投资发展迅速，实现了 12 年连续增长，居发展中国家首位。2014 年，全球对外直接投资流量下降，而中国对外直接投资流量则继续增长，创下了1 231.2亿美元（现 1 美元＝6.5 人民币）的历史新值，较上年增长 14.2%，占全球当年流量的 9.1%，位列全球国家排名的第三位。

对外直接投资有市场导向型、资源导向型和技术导向型。发展对外直接投资对于避开关税和非关税壁垒、有效利用国外自然资源、弥补国内资源短缺、学习国外的经验和方法、提高我国企业的经营效率、促进中国经济发展等方面有重要作用。因此，在世界经济复苏的大背景下，研究中国对外直接投资问题，对于把握好“一带一路”倡议、“走出去”战略和中国企业转型升级所带来的机遇，具有重要意义。

二、中国对外直接投资规模分析

表 1 为我国 1984～2014 年的对外直接投资流量数据，其中，1984～2002 年的对外直接投资流量数据来自《国际收支统计》，由国际货币基金组织（IMF）根据中国国家外汇管理总局的统计数据而公布；2003～2014 年的数据来自商务部公布的《中国对外直接投资统计公报》。

表 1　1984～2014 年中国对外直接投资流量

单位：亿美元

年份	对外直接投资流量	年份	对外直接投资流量	年份	对外直接投资流量	年份	对外直接投资流量
1984	1.40	1992	40.00	2000	9.16	2008	559.1
1985	6.29	1993	44.00	2001	68.85	2009	565.3
1986	4.50	1994	20.00	2002	25.18	2010	688.1
1987	6.45	1995	20.00	2003	28.55	2011	746.5
1988	8.50	1996	21.14	2004	54.98	2012	878.0
1989	7.80	1997	25.62	2005	122.61	2013	1078.4
1990	8.30	1998	26.34	2006	211.60	2014	1231.2
1991	9.13	1999	17.74	2007	265.10	—	—

数据来源：《国际收支统计》《中国对外直接投资统计公报》

从图 1 可以看出，1991 年之前，我国对外直接投资处于探索起步阶段，对外直接投资额较小；1992 年～2001 年，我国的对外直接投资处于不稳定发展阶段，增长率变化幅度较大；2002 年之后，我国对外直接投资呈现快速、持续增长的特点。

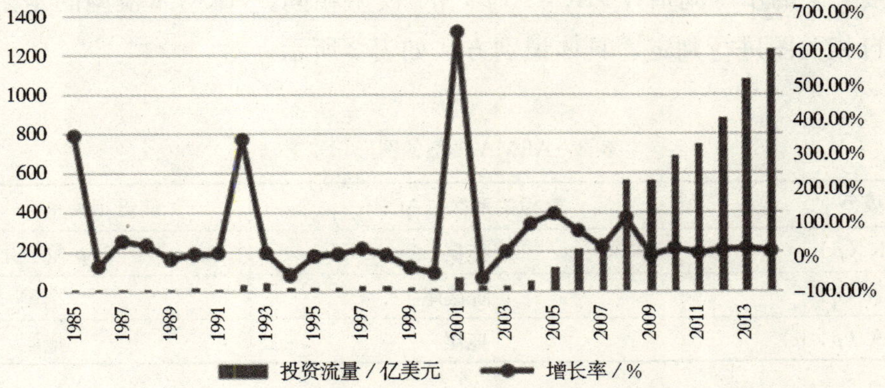

图 1　1985～2014 年中国对外直接投资流量及其增长率

2005 年之前，我国的对外直接投资额波动幅度较大，整体来讲增长较为缓慢。从 2005 年开始，我国的对外直接投资额就一直保持着快速稳健的增长势头，在 2005 年突破了 100 亿美元大关，到 2014 年实现了 12 年连续增长，平均增长率为 43.64%。可见，近 10 年来中国的对外直接投资发展成绩不俗。

对对外直接投资（OFDI）序列进行描述性统计，表 2 列出了 OFDI 序列的基本统计量。OFDI 序列的平均值为219.349 7亿美元，偏度为1.613 5，序列右偏，峰度为4.298 2，呈尖峰分布，Jarque-Bera 统计量显著地拒绝了正态分布的假设。相比较正态分布而言，OFDI 序列具有高峰后尾的特点。

表 2　1984～2014 年中国对外直接投资流量数据特征

观测值	均值	中位数	最大值	最小值	标准差	偏度	峰度	Jarque-Bera 统计量
31	219.3497	26.34	1231.2	1.4	354.3661	1.613503	4.2982	15.62774

三、ARIMA 模型预测

设 y_t 是d阶单整序列，即 $y_t \sim I(d)$，记$\omega_t = \Delta^d y_t = (1-L)^d y_t$，则$\omega_t$为平稳序列，即 $\omega_t \sim I(0)$，于是可以对 ω_t 建立 ARMA(p，q) 模型：

$$\omega_t = \varphi_1\omega_{t-1} + \varphi_2\omega_{t-2} + \cdots + \varphi_p\omega_{t-p} + \mu_1 - \theta_1\mu_{t-1} - \theta_2\mu_{t-2} - \cdots\theta_q\mu_{t-q}$$

经过 d 阶差分变换后的 ARMA(p，q) 模型成为(p，d，q) 阶单整自回归移动平均模型，记为 ARIMA(p，d，q)。

当 $p \neq 0$，$d = 0$，$q \neq 0$ 时，为 ARMA(p，q) 模型；当 $p \neq 0$，$d = 0$，$q = 0$ 时，为 AR(p) 模型；当 $p = 0$，$d = 0$，$q \neq 0$时，为MA(q) 模型；当 $p = 0$，$d = 0$，$q = 0$时，为白噪声过程。建立 ARIMA(p，d，q) 模型需要在估计之前确定原序列的差分阶数d，对进行d 阶差分，接下来的步骤同估计 ARMA(p，q) 模型相同。ARMA 模型的定阶可以根据自相关图和偏自相关图进行判定，具体识别方法如表 3 所示。

表 3　ARMA 模型的图形识别方法

模型	自相关系数（ACF）	偏自相关系数（PACF）
AR（p）	拖尾	p 阶截尾
MA（q）	q 阶截尾	拖尾
ARMA（p，q）	拖尾	拖尾

在博克斯-詹金斯方法中，建立 ARMA 模型的前提是时间序列平稳，如果时间序列非平稳，需要进行适当处理使其满足平稳性条件。通过 OFDI 的趋势图（图 2），横轴代表年份，纵轴代表对外直接投资流量，可以看出，OFDI 序列存在明显的上升趋势，尤其是到 2003 年后开始飙升，显然该序列是非平稳的，因此需要对序列进行平稳化处理。

采用菲利普斯-配荣（Phillips-Perron）检验法对 OFDI 序列进行平稳性检验，发现该序列不平稳，于是对其进行 1 阶差分处理后再进行平稳性检验，OFDI 经 1 阶差分后的序列为 DOFDI，DOFDI 在 1%的显著性水平下拒绝了序列存在单位根的原假设，为平稳序列，即 OFDI～D（1）。检验结果如表 4 所示。

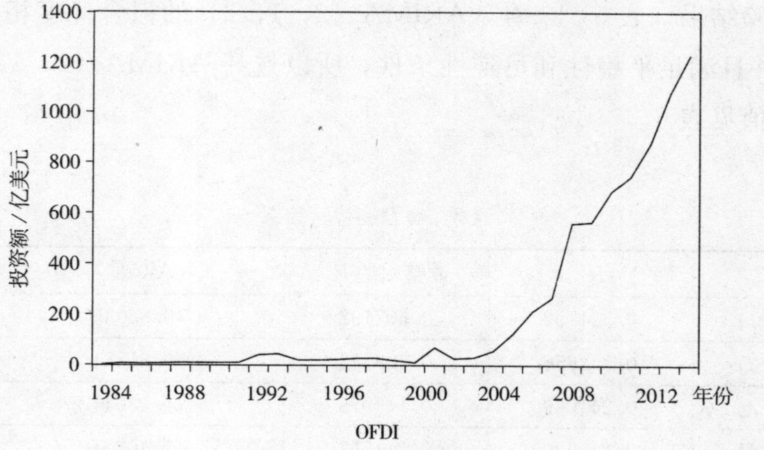

图 2　OFDI 的趋势图

表 4　OFDI 和 DOFDI 的平稳性检验

序列	Phillips-Perron 检验统计量	伴随概率	结论
OFDI	6.806979	1.0000	不平稳
DOFDI	−5.568044	0.0005	平稳

图 3 为 DOFDI 序列的自相关图和偏自相关图，从图中可以看出自相关图和偏自相关图均表现出拖尾现象，具有 ARMA 模型的特征，据此，可以选用伯克斯-詹金斯模型，即 ARMA（p，q）模型进行预测。图 4 中该序列有自相关系数 2 阶不截尾的性质和偏自相关系数 2 阶不截尾性质，因此选定 $p=1$，2 和 $q=1$，2 共计 4 个模型，根据 AIC 准则和 IC 准则进行定阶。

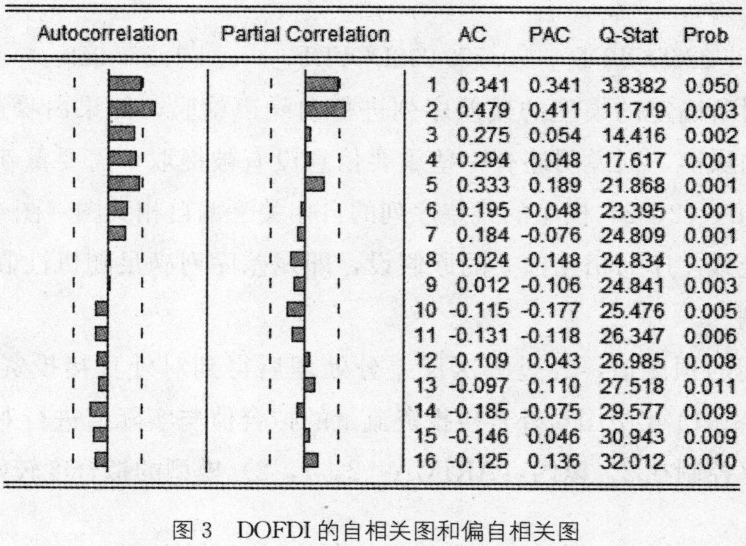

图 3　DOFDI 的自相关图和偏自相关图

从模型的检验结果（表 5）来看，ARIMA（2，1，2）的拟合优度相对较高且 AIC 值和 SC 值最小，并且满足平稳性和可逆性条件，所以选择 ARIMA（2，1，2）作为预测模型，其参数估计值见表 6。

表 5 模型的检验结果

模型	R^2	调整后的 R^2	AIC 值	SC 值
ARIMA（1，1，1）	0.524792	0.507192	10.83035	10.92465
ARIMA（1，1，2）	0.543656	0.508552	10.85881	11.00026
ARIMA（1，1，3）	0.241049	0.149975	11.43647	11.62506
ARIMA（1，1，4）	0.315620	0.201557	11.40201	11.63775
ARIMA（2，1，1）	0.422032	0.375795	11.12472	11.26745
ARIMA（2，1，2）	0.765770	0.736491	10.29293	10.48324
ARIMA（2，1，3）	0.715894	0.666484	10.55740	10.79530
ARIMA（2，1，4）	0.752896	0.696737	10.48929	10.77476

表 6 DOFDI 序列的 ARMA（2，2）模型参数估计结果

变量	系数	标准误差	t-统计量	伴随概率
AR（1）	0.527326	0.198175	2.660903	0.0137
AR（2）	0.779998	0.064067	12.174690	0.0000
MA（1）	−1.279969	0.499600	−2.561988	0.0171
MA（2）	−0.790349	0.348942	−2.264985	0.0328

模型的表达式为：

$$DOFDI=0.527\,326DOFDI_{t-1}+0.779\,998DOFDI_{t-2}+\varepsilon_t+1.279\,969\varepsilon_{t-1}+0.790\,349\varepsilon_{t-2}$$

接下来需要对所确定的模型的残差序列进行白噪声检验，如果白噪声检验没有通过，即残差序列不是白噪声，则说明还有一些重要信息没有被提取，需要重新确定模型。通过 DOFDI 序列 ARMA（2，2）模型的残差序列的自相关—偏自相关图（图 4）和 Q 统计量可以看出，不能拒绝残差序列相互独立的原假设，即残差序列满足随机性假说，模型拟合有效，可以进行预测。

基于模型得到的预测值，经过一次反差分处理后得到对外直接投资流量的预测数据（表 7），将 2011～2014 年中国对外直接投资流量的拟合值与实际值进行对比，拟合值与实际值的相对误差率控制在 2%以内，ARIMA（2，1，2）模型的拟合度较好。

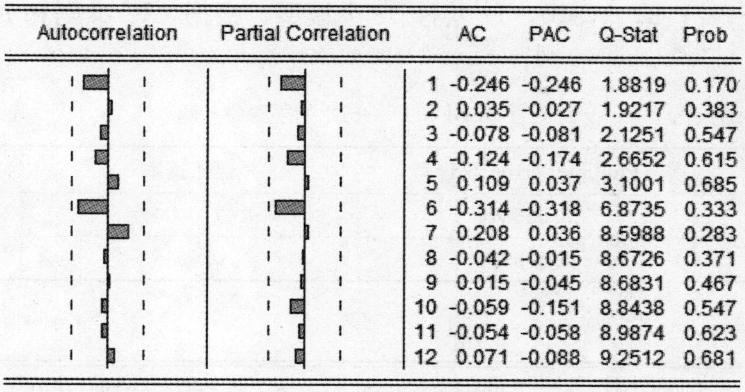

图 4　残差序列的自相关图和偏自相关图

表 7　2011～2014 年实际值和拟合值对比

单位：亿美元

	2011 年	2012 年	2013 年	2014 年
拟合值	732.19	884.59	1042.46	1212.79
实际值	746.50	878.00	1078.40	1231.20
绝对误差	14.31	6.59	35.94	18.41
相对误差	1.92%	0.75%	3.33%	1.50%

四、平滑 ARIMA 模型预测

用 ARIMA 模型进行预测要求样本量不低于 50，样本数据越多则预测精度越高，因此，为了弥补样本量不足的缺陷，本节将对原序列进行平滑处理，使样本量成倍增加，将新生成的序列命名为 SOFDI，利用平滑处理后的序列构建的 ARIMA 模型称为平滑 ARIMA 模型。用简单算术平均法对原序列进行平滑处理：

$$X_{t+\frac{1}{2}}=\frac{X_t+X_{t+1}}{2}$$

采用菲利普斯—配荣（Phillips-Perron）检验法对 SOFDI 序列进行平稳性检验，发现该序列不平稳，对其进行 1 阶差分处理后再进行平稳性检验，SOFDI 经 1 阶差分后的序列为 DSOFDI，DSOFDI 在 1%的显著性水平下拒绝了序列存在单位根的原假设，为平稳序列，即 SOFDI～D（1）。检验结果如表 8 所示。

图 6 为 DSOFDI 的自相关图和偏自相关图，自相关图和偏自相关图均表现出拖尾现象，具有 ARMA 模型的特征，因此选用 ARMA（p，q）模型进行预测。由图 5 可以看出该序列有自相关系数 11 阶不截尾和偏自相关系数 3 阶不截尾性质，因此选定 p=1，2，3 和q=

1，2，3，4，5，6，7，8，9，10，11 共计 33 个模型，根据 AIC 准则和 IC 准则进行定阶。

表 8　SOFDI 和 DSOFDI 的平稳性检验

序列	Phillips-Perron 统计量	伴随概率	结论
SOFDI	9.055645	1.0000	不平稳
DSOFDI	－4.478250	0.0036	平稳

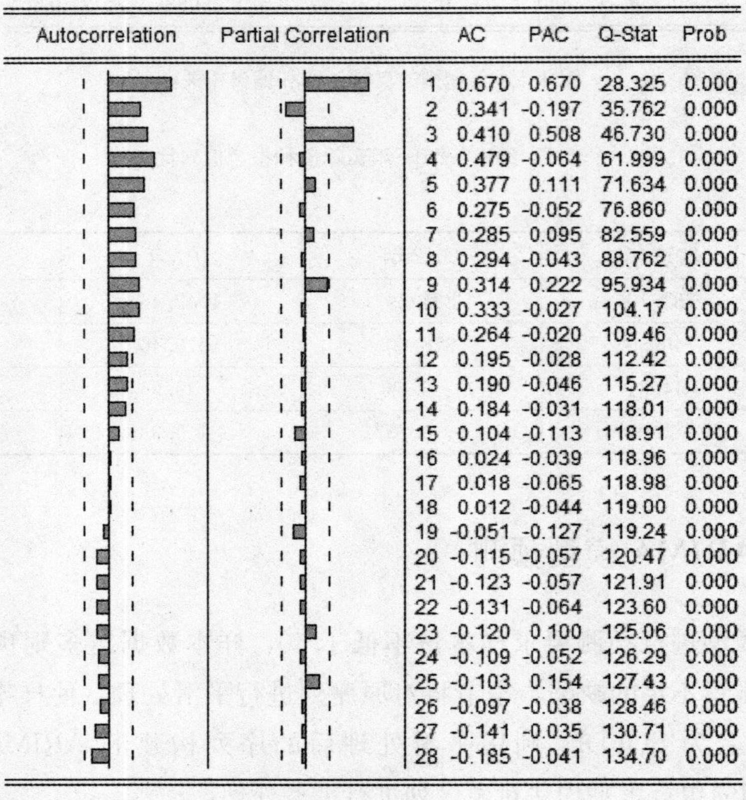

图 5　DSOFDI 的自相关图和偏自相关图

表 9 给出了部分模型的检验结果，从表 9 可以看出，ARIMA（1，1，2）、ARIMA（1，1，3）、ARIMA（3，1，4）、ARIMA（3，1，5）的拟合优度相对较高且 AIC 值和 SC 值较小，但 ARIMA（1，1，3）、ARIMA（3，1，4）、ARIMA（3，1，5）中都存在单位根，所以选择 ARIMA（1，1，2）作为预测模型，其参数估计如表 10 所示。

模型表达式为：

$$DSOFDI = 1.042\,929 DOFDI_{t-1} + \varepsilon_t + 0.238\,789 \varepsilon_{t-1} + 0.900\,126 \varepsilon_{t-2}$$

表 9　模型的检验结果

模型	R^2	调整后的 R^2	AIC 值	SC 值
ARIMA（1，1，1）	0.573064	0.565574	9.254059	9.324484
ARIMA（1，1，2）	0.714845	0.704661	8.884356	8.989993
ARIMA（1，1，3）	0.755127	0.741770	8.765962	8.906812
ARIMA（1，1，4）	0.697813	0.675429	9.010166	9.186229
ARIMA（1，1，5）	0.727579	0.701878	8.940368	9.151643
ARIMA（2，1，1）	0.576333	0.560927	9.294769	9.401344
ARIMA（2，1，2）	0.714606	0.698750	8.934176	9.076276
ARIMA（2，1，3）	0.755704	0.737266	8.813168	8.990793
ARIMA（2，1，4）	0.696714	0.667552	9.063945	9.277094
ARIMA（2，1，5）	0.747996	0.718349	8.913197	9.161871
ARIMA（3，1，1）	0.665257	0.646310	9.107188	9.250560
ARIMA（3，1，2）	0.701243	0.678262	9.028543	9.207758
ARIMA（3，1，3）	0.702056	0.672845	9.060908	9.275966
ARIMA（3，1，4）	0.803866	0.780330	8.677886	8.928787
ARIMA（3，1，5）	0.784611	0.753841	8.806622	9.093366

表 10　DSOFDI 序列的 ARMA（1，2）模型参数估计结果

变量	系数	标准误差	t-统计量	伴随概率
AR（1）	1.042929	0.022033	47.335360	0.0000
MA（1）	－0.238789	0.078232	－3.052334	0.0035
MA（2）	－0.900126	0.086312	－10.428700	0.0000

确定模型后对模型残差序列进行白噪声检验，通过 DSOFDI 序列 ARIMA（1，1，2）模型的残差序列的自相关和偏自相关图（图 6）和 Q 统计量可以看出，不能拒绝残差序列相互独立的原假设，即残差序列满足随机性假说，模型拟合有效，可以进行预测。

基于模型得到的预测值，经过一次反差分处理后得到对外直接投资流量的预测数据，将 2011～2014 年中国对外直接投资流量的拟合值与实际值进行对比，如表 11 所示，拟合值与实际值的相对误差率较高，均在 15％以上。从预测误差的角度比较，平滑 ARIMA 模型并没有表现出比一般 ARIMA 模型更优的结果。

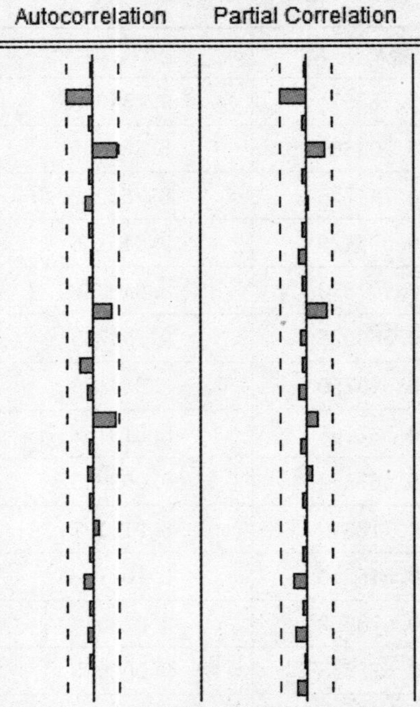

	AC	PAC	Q-Stat	Prob
1	-0.014	-0.014	0.0114	0.915
2	-0.254	-0.254	4.0718	0.131
3	-0.028	-0.038	4.1216	0.249
4	0.227	0.173	7.5001	0.112
5	-0.028	-0.039	7.5526	0.183
6	-0.078	0.013	7.9633	0.241
7	-0.032	-0.038	8.0323	0.330
8	-0.013	-0.076	8.0440	0.429
9	-0.038	-0.047	8.1495	0.519
10	0.185	0.193	10.668	0.384
11	-0.041	-0.053	10.796	0.461
12	-0.125	-0.042	11.986	0.447
13	-0.060	-0.066	12.266	0.506
14	0.218	0.114	16.065	0.309
15	-0.045	-0.058	16.232	0.367
16	-0.054	0.064	16.474	0.420
17	-0.048	-0.047	16.672	0.477
18	0.051	-0.021	16.898	0.530
19	-0.042	-0.040	17.060	0.586
20	-0.090	-0.134	17.806	0.600
21	-0.036	-0.027	17.929	0.653
22	-0.065	-0.109	18.343	0.685
23	-0.028	-0.010	18.424	0.734
24	0.006	-0.085	18.428	0.782

图 6　残差序列的自相关图和偏自相关图

表 11　2011～2014 年实际值和拟合值对比

单位：亿美元

	2011 年	2012 年	2013 年	2014 年
拟合值	969.89	1101.52	1268.00	1421.43
实际值	746.50	878.00	1078.40	1231.20
绝对误差	223.39	223.52	189.60	190.23
相对误差	29.92%	25.46%	17.58%	15.45%

五、结论与对策

从模型的预测结果来看，我国对外直接投资发展前景明朗，规模不断扩大，呈现出快速增长的趋势，这与我国“一带一路”建设的目的和“走出去”战略的目的相吻合。

对外直接投资规模连续增长来之不易，其原因主要有两个方面：

一方面，国内外投资环境有利于我国对外直接投资的进行。“一带一路”倡议得到了越来越多国家的响应和支持，我国企业开展海外合作的积极性大大提高，主动开展多种形式的对外直接投资，以推动企业转型升级。

另一方面，商务部持续推进境外投资便利化，积极搭建对外投资合作平台，“走出去”

公共服务平台的建立为我国企业积极开展对外直接投资提供了强有力的支持。

现对我国对外直接投资的发展提出如下几点对策建议：

1. 保持经济增长势头，继续加大对外直接投资

我国对外直接投资流量在2009年之后保持稳定增长，规模逐年上升。对外直接投资可以促进国内经济增长、优化产业结构，因此，应继续保持我国对外直接投资的增长势头，发挥对外直接投资的经济效应，带动我国各个领域的发展。

2. 继续加大第三产业的对外直接投资，促进产业结构优化升级

对外直接投资能够促进国内新兴产业的发展，带动产业结构的优化升级，因此，应继续加大第三产业的对外直接投资，发挥其对产业结构的优化作用，使我国经济发展迈向另一个台阶。

3. 逐步缩小东、中、西部地区对外直接投资的差异

我国在继续扩大东部地区的对外直接投资规模时，应加大力度发展中、西部地区的对外直接投资，在平衡东、中、西部地区经济发展的同时，增强中、西部地区对外直接投资的经济效应，以缩小其在贸易、就业等方面与东部地区的差距。

4. 提高对外直接投资质量和经济效应

目前，我国每年都有大量对外直接投资流入香港地区，而这一部分对外直接投资中又有很大一部分是以变相获取我国外商投资企业待遇优惠为目的的，最终还会回流至我国国内，从而弱化对外直接投资的经济效应。因此，在继续扩大对外直接投资的规模时，还要关注对外直接投资的质量，以提高对外直接投资的经济效应，使其更好地推动我国经济发展。

随着我国整体实力的不断增强，未来，我国不仅将作为世界工厂吸引来外资来华投资，同时也将作为对外直接投资的重要力量推动世界经济的发展。

参考文献：

[1] 赵梅，刘维忠. ARIMA和平滑ARIMA模型的中国棉花价格短期预测比较 [J]. 贵州农业科学，2015，11：206-208.

[2] 郭晓峰. 基于ARIMA模型的中国CPI走势预测分析 [J]. 统计与决策，2012，11：29-32.

[3] 华鹏，赵学民. ARIMA模型在广东省GDP预测中的应用 [J]. 统计与决策，2010，12：166-167.

[4] 涂雄苓，徐海云. ARIMA与指数平滑法在我国人口预测中的比较研究 [J]. 统计与决策，2009，16：21-23.

[5] 徐国祥. 统计预测与决策 [M]. 上海：上海财经大学出版社，2012.

作者单位：河北大学经济学院

河北省高等教育与区域经济发展关系实证研究

李　丹

高等教育与区域经济发展相互作用、相互影响。高等教育是区域经济发展的驱动力，能有效优化人力资本配置，促进经济的发展。而区域经济发展能为高等教育提供物质基础，提供良好的人才培养资源环境，推动高等教育的发展。因此，实现河北省高等教育与河北省区域经济的互动发展是河北省经济发展的实际需要。

一、河北省经济发展现状

（一）河北省经济总量不断增长

河北省的经济发展态势良好，如图1所示。从经济增长总量来看，河北省GDP总量逐年增长，2002年以后河北省的经济总量开始大幅快速地增长，到2005年全省GDP达到10 012亿元，突破了10 000亿元大关。2005年以后全省生产总值一直保持着稳定增长。按当年价格计算，2005～2014年10年间全省GDP平均增速为15.65%，超过全国GDP的平均增速。2015年，河北省GDP达29 806亿元，比2014年增长1.3%。由此可见，尽管河北省的经济取得了较快发展，但与全国水平相比仍然存在较大差距，如表1所示。河北省人均GDP始终落后于全国人均GDP，且其差距有增大的趋势，2007年河北省人均GDP仅比全国人均GDP少843元；2010年，其差距拉大到2208元，到2015年，差距更是高达9737元。

（二）河北省产业结构调整日趋合理

从河北省的产业结构来看，产业结构日趋合理。随着经济的快速发展和人民生活水平的提高，河北省的产业结构发生着一系列变化，第一、二、三产业结构比例由2000年的16.3∶49.9∶33.8变为2015年的11.54∶48.27∶40.19，第一产业比重下降，且下降幅度较大，第三产业比重缓慢上升。第二产业是对河北省经济增长起重要支撑作用的主导产业，服务业的发展对促进河北经济的发展发挥着越来越重要的作用。同时，从业人员的结构也因为产业结构的调整而发生了变化。2015 年末，全省从业人员达到4 212.5万人，比上年增加 9.84 万人。第一产业的生产总值较低，第二产业的生产总值约占全部生产总值的一半，但第一产业和第二产业吸纳的劳动力总人数差不多，均占全省劳动人数的 1/3。

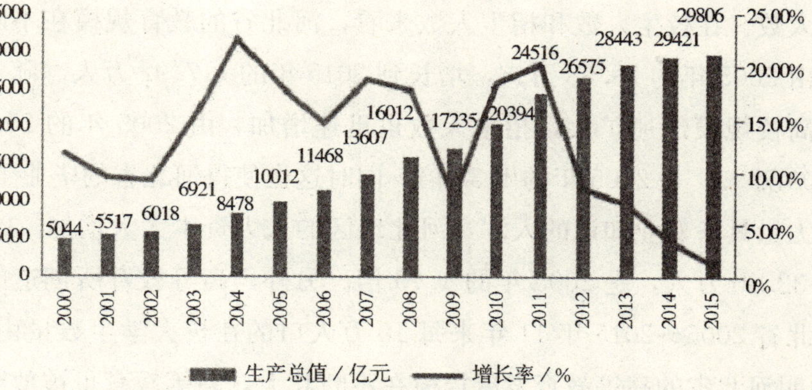

图 1　河北省地区 2000～2015 年生产总值及其增长率

表 1　河北与全国主要年份人均 GDP 对照表

	2005 年	2006 年	2007 年	2008 年	2009 年	2010 年	2011 年	2012 年	2013 年	2014 年	2015 年
河北人均 GDP/元	14659	16682	19662	22986	24581	28668	33969	36584	38909	39984	40255
全国人均 GDP/元	14368	16738	20505	24121	26222	30876	36403	40007	43852	47203	49992

数据来源：《河北经济年鉴》(2016)、《中国统计年鉴》(2016)

（三）河北省经济增长质量提高

河北省的经济在迅速发展的同时，其经济增长质量也在显著提高。2015 年，河北省固定资产投资29 448.27亿元，比上年增长 10.4%。河北省居民人均消费水平虽然低于全国平均水平，但河北省居民人均消费支出增长较快，2015 年河北省居民人均消费支出为13 030.69元，比上年增长 9.2%。河北省居民生活水平不断提高。从 1990～2015 年的 20 多年间，河北省的城镇居民和农村居民的人均可支配收入水平增幅明显。

二、河北省高等教育发展现状

（一）河北省高等教育发展规模不断壮大

2015 年河北省普通高等院校 118 所，其中包括本科院校 58 所，专科院校 60 所。从河北省的毕业生人数、在校生人数和招生人数来看，河北省的教育规模在不断壮大。河北省的在校生人数由 2005 年的 78.98 万人，增长到 2015 年的 117.92 万人。随着高校扩招的热潮，河北省的高校规模迅速扩大，招生人数也迅速增加，由 2005 年的 25.69 万人增长到 2015 年的 35.09 万人，是 2005 年的 1.37 倍。同时这也使得河北省的毕业生人数大幅增加，为社会输送了大量具备专业知识的人才，河北地区的人力资本大大增加。2015 年，河北省毕业生人数为 32.80 万人，是 2005 年的 1.79 倍。另外，高等教育所创造的人力资本也在不断增长，河北省 2005～2015 年 11 年来每 10 万人口的在校大学生数量由 1150 人增长到 1590 人。这说明河北省的高等教育发展规模在不断壮大，高等教育也被放到了重要的位置上。但是，河北省高等教育还存在经费投入相对不足、投入来源相对单一等阻碍河北省高等教育发展的一些问题。

表 2　2005～2015 年河北省高等教育基本情况一览表

年份	高等院校数量/所	毕业生人数/万	在校生人数/万	招生人数/万
2005	86	18.321	78.98	25.687
2006	88	20.757	82.71	29.706
2007	88	22.819	90.22	30.329
2008	87	27.134	100.00	33.953
2009	109	27.225	103.03	33.228
2010	110	29.710	110.50	34.648
2011	112	31.114	115.39	35.047
2012	113	31.580	116.88	34.230
2013	118	33.430	117.44	34.690
2014	118	34.452	116.43	34.204
2015	118	32.798	117.92	35.085

数据来源：《河北经济年鉴》（2016 年）

（二）河北省高等教育发展质量逐步提高

河北省高等教育发展质量逐步提高，2015 年河北省博士在校生 2719 人，硕士在校生

37 327人。如表 3 所示，高校专任教师总量逐年增长，高校教师的配置状况大大改善，河北省 2015 年的专任教师数量为69 397人，是上年的 1.01 倍，是 2005 年的 1.49 倍。“生师比”是指在校学生人数与专任教师数之比，它是反映高校教师利用是否充分的指标，同时也能够反映高等教育发展的质量。2005～2015 年 11 年间，河北省高等教育的生师比由 16.98 增长为 17.46，由此可见，河北省高校的教师资源得到了较为充分的利用。但是，河北省的高校机构还有待优化，需要突出办学特色，进一步提高高等教育水平。

表 3　2005～2015 年河北省高等教育发展质量情况

年份	专任教师/人	生师比
2005	46538	16.98
2006	47428	18.16
2007	52809	17.62
2008	55125	17.91
2009	58394	17.70
2010	60769	17.82
2011	62715	17.89
2012	65043	17.65
2013	68250	17.54
2014	68578	17.28
2015	69397	17.46

数据来源：《河北经济年鉴》(2016 年)、《中国统计年鉴》

三、河北省高等教育与区域经济发展关系实证研究

（一）指标的设定与选取

综合考虑河北省高等教育发展的状况、数据的可获得性和其他学者研究选取原则，本文主要从高等教育发展规模和发展质量两方面考虑，选取了反映河北省高等教育发展水平的 6 个指标，分别是：每万人口中在校大学生数 X_1、毕业生数 X_2、高等学校数 X_3、招生数 X_4、专任教师数 X_5 和生师比 X_6。在选取衡量经济发展水平指标时，选取了反映河北省区域经济发展水平的 6 个指标，分别是：人均 GDP Y_1、第一产业比重 Y_2、第二产业比重 Y_3、第三产业比重 Y_4、第二产业从业人员数 Y_5、第三产业从业人员数 Y_6。

（二）相关分析

本文选取了 2005～2015 年河北省高等教育和区域经济发展水平的数据做相关分析，结

果如表 4 所示。

表 4 河北省高等教育与区域经济发展评价指标相关情况

	X_1	X_2	X_3	X_4	X_5	X_6
Y_1	0.913	0.973	0.923	0.810	0.984	0.521
Y_2	−0.838	−0.919	−0.823	−0.866	−0.884	−0.502
Y_3	−0.365	−0.404	−0.626	−0.107	−0.503	0.564
Y_4	0.714	0.785	0.889	0.547	0.836	−0.814
Y_5	0.903	0.962	0.915	0.790	0.979	−0.091
Y_6	0.874	0.953	0.906	0.761	0.971	−0.132

数据来源：根据相关数据计算所得

由于相关系数的绝对值＞0.8，为高度相关；0.5＜相关系数的绝对值＜0.8，为中度相关。我们通过表中相关系数可以看出，36 个关联值中，有 21 个是高度相关，有 10 个是中度相关。也就是说河北省的高等教育水平与区域经济发展水平具有较高的相关关系。具体来看：

（1）人均 GDP 与高等教育发展水平评价指标均呈正相关关系，其中除了与生师比呈中度相关外，与其他高等教育发展水平指标均呈高度相关。说明河北省的经济发展水平与高等教育发展规模和质量之间存在较强的联系。

（2）第一产业比重与高等教育发展水平评价指标均呈负相关关系，除了与生师比是中度相关，其他都是高度相关。说明第一产业比重过大对高等教育发展水平有反方向的作用。

（3）每万人口中在校大学生数、毕业生数、高等学校数、招生数和专任教师数都与人均 GDP 存在高度的正相关关系，说明河北省高等教育发展水平与区域经济发展水平之间存在较强的联系。

（三）回归分析

1. 河北省高等教育对区域经济发展的作用分析

选取人均 GDP Y_1 为因变量，自变量为每万人口中在校大学生数 X_1 和生师比 X_6，运用 Eviews 7.2 软件进行回归分析，得到的回归方程为：

$$Y_1 = 3\,630.872 + 5.679X_1 - 0.618\,2X_6$$

$$t = (6.464\,0)\ (3.198\,6)\ (0.328\,4)$$

$$R^2 = 0.917\,5 \qquad F = 56.572\,8$$

如回归方程所示，R^2 值为 0.917 5，拟合优度较高，每万人口中在校大学生数与人均

GDP 呈正相关关系，也就是说随着每万人口中在校大学生数的增加，人均 GDP 会相应增加，推进区域经济的发展，但由于回归系数仅为 5.679 较小，对区域经济发展的推动作用不大。生师比的回归系数为－0.618 2，与人均 GDP 呈负相关关系，人均 GDP 随着生师比的增加而降低，高等教育发展水平对区域经济的发展反而起到抑制的作用，但影响的作用同样很小。由此可以看出，河北省高等教育对于区域经济的推动作用较小。

2. 河北省区域经济发展对高等教育的作用分析

选取每万人口中在校大学生数 X_1 为因变量，自变量为人均 GDP Y_1、第三产业从业人员数 Y_6，运用 Eviews 7.2 软件进行回归分析，得到的回归方程为：

$X_1 = 46.1443 + 0.0336Y_1 - 0.1174Y_6$

$t =$ （2.170 5）（－1.124 5）（2.378 3）

$R^2 = 0.8588 \quad F = 21.2951$

如回归方程所示，R^2 值为0.858 8，拟合优度较高，人均 GDP 与每万人口中在校大学生数呈正相关，也就是说随着人均 GDP 的增加，每万人口中在校大学生数会相应增加，但由于回归系数较小，仅为0.033 6，因此，人均 GDP 对每万人口中在校大学生数的影响较弱。第三产业从业人员数与每万人口中在校大学生数呈负相关，每万人口中在校大学生数会随着第三产业从业人员的增加而减少，但作用同样较小。由此可以看出，河北省区域经济发展对高等教育的作用不太明显。

综上所述，河北省的高等教育与区域经济发展互动性差，河北省的高等教育对于区域经济的推动作用较小。

四、促进河北省高等教育与区域经济互动发展的对策建议

（一）优化教育结构和学科设置

河北省教育结构的调整和优化，既要因地制宜，又要考虑河北省经济发展的需要，明确自己的定位和角色，培养发展建设所需的各类高素质的专业化人才。另外，河北省的工学、文学和管理学等学科的专业设置不适合就业产业结构，存在专业结构趋同、新兴专业匮乏等现象，与经济发展密切相关的实用型学科设置较少。因此，河北省应当根据就业市场的需要和产业结构的调整，优化高等教育的学科设置，调整过时和重复建设的学科，新增符合社会发展需要的新学科，培养满足生产所需的知识和技术要求的专业化人才、创新人才和管理领导人才，为河北省经济发展建设提供有力支持，从而提高为社会服务的水平，增加高等教育和区域经济发展的联系和互动性。

（二）开拓高等教育多元化筹资渠道

河北省高等教育经费投入相对不足，而且大部分经费来自于政府财政的预算内投资，投入来源相对单一。在政府加大公共财政对河北省高等教育投入的同时，政府和高校还应当开拓多元化筹资渠道，减少对财政拨款的依赖，更好地进行高校建设。可以从以下几个方面开拓高等教育多元化筹资渠道：

第一，积极引导鼓励社会资源和民间资本进行高等教育投资，提高高校的融资水平，同时接受社会各界和优秀校友的捐赠，减轻政府的财政负担。积极出台优惠性政策和鼓励政策，提高民间资本投入高等教育的热情。第二，高等学校应当根据自身的优势和特点，为企业提供技术支持和咨询培训等有偿服务，在将课本知识应用到实践的同时，还能开拓筹资渠道，一举两得。第三，将科研成果投入社会生产。高校的一些科研成果与企业合作，或者出让专利技术，将科研成果投入社会生产，转化为社会生产力。高校与企业这种合作的方式，还拓宽了高校的融资渠道，增加高等教育的建设经费。

（三）建设“产学研一体化”模式

政府、企业和高校三者之间相互协调、相互合作，才能充分发挥优势，弥补各自的短板，发挥三者的最佳效应，促进高等教育与经济共同发展和共同进步，因此，需要建设“产学研一体化”模式。

政府方面，政府应当起到沟通和引导的桥梁作用，创建高效的公共信息服务平台，及时公布企业、高校和科研机构的相关信息，保持信息的通畅和对称，方便沟通和交流，加强高校与企业、科研机构合作，发挥各自的优势。同时政府还应当适当创造有利的合作环境，制定一些制度规定和优惠政策，保障企业和高校合作的相关权益，鼓励高校和企业合作。

高校方面，注重人才培养质量的同时，更要考虑区域经济发展的需求，将教学与生产有效结合，培养生产实践需要的人才。不断优化教学结构，提高教学质量，提高科研水平，研发出更多有利于社会生产的专利和科研成果，提高生产效率，为经济的发展提供不竭动力。

企业方面，为高校和科研机构提供资金支持和帮助，将有关项目外包给他们，不仅能充分利用高校和科研机构丰富的技术资源，还能降低企业的研发投入。企业还可以将有关专利和科研成果应用于生产实践，促进区域经济的发展。这种“产学研一体化”模式的建立，能充分发挥高等教育和区域经济的互动作用。

（四）加强与京津两地高等教育的合作

高等教育协同发展是京津冀协同发展的重要内容，与京津两地相比，河北省高等教育存在众多短板，如教育资源匮乏、人才流失严重和研究生比例较低等。因此，河北省应当与京津两地加强高等教育方面的合作，解决这些阻碍京津冀地区高等教育协同发展的问题。

一方面，建立资源共享机制。京津两地拥有丰富的高等教育资源，河北省政府和高校方面应主动联系京津高校和政府，推进高等教育进入实质性的合作阶段，建立资源共享机制，可以通过合作或者技术引进享受丰富的教育资源，弥补自身教育资源的匮乏。京津高校方面应树立起负责任的形象，建立起对河北省高等教育对口帮扶的机制，帮助河北省提高高等教育水平。

另一方面，建立人才流动机制。人才资源是高等教育资源重要的组成部分，河北省高水平院校较为缺乏，对于高层次人才的吸引力不够强，因此，河北省的人才培养也面临一定阻碍。再加上资源环境和福利等方面因素，河北省高等教育高端人才流失严重。因此，京津冀应建立人才流动机制，河北省应出台优惠政策吸引高等教育人才来河北省任教发展，同时京津两地也应定期派专家、教授到河北省任教上课并定期对河北省高校教师进行培训和组织交流，为河北省高等教育注入新鲜血液，提高河北省整体师资水平。

参考文献：

［1］姜保年. 区域高等教育：发展·结构·体制［J］. 江苏高教，2015，4：77-80.

［2］吕京. 地方高校与地方经济共生发展研究［J］. 特区经济，2012，4：55-57.

［3］潘力，宿桂红. 吉林省高等教育与区域经济发展关系实证研究［J］. 吉林农业科技学院学报，2016，1：48-51.

［4］石晓铭. 四川省高等教育与区域经济发展关系研究［D］. 四川：西南交通大学，2010：30-33.

［5］高新文，苏国伟. 河北省高等教育发展探析——基于京津冀协同发展的视角［J］. 河北大学成人教育学院学报，2015，3：114-115.

［6］章潇. 西部地区高等教育与区域经济互动发展关系研究［D］. 桂林：广西师范大学，2013.

［7］刘蓓. 云南省高等教育与区域经济互动发展研究［D］. 昆明：昆明理工大学，2013.

［8］韩翠萍. 山西普通高等教育规模发展合理化研究［D］. 太原：山西大学，2006.

作者单位：河北大学经济学院

增长与低碳双重目标约束下河北省重点碳控排行业选择研究*

黄贺林

我国计划于2017年全面启动碳排放交易体系，碳排放控制将由“软约束”变为“硬约束”，成为倒逼产业转型、实现低碳发展的重要手段。河北省是全国能源消耗和温室气体排放大省，开展碳排放控制工作任务十分艰巨，而目前河北省经济面临前所未有的下行压力，选择经济贡献小、排放水平高的行业作为重点控排对象，以较小的经济代价，取得较大的减排效果，才能实现稳增长与控排放的双重目标。文本借鉴区位商的理念，对河北省工业行业开展碳排放和经济效益评价，提出重点碳控排行业选择量化标准和合理化建议，为推动河北省低碳发展提供可资借鉴的决策参考。

一、指标设计与评价方法

在区域经济研究中，一般将产业基础、资源禀赋、交通条件、市场条件等方面的优势，作为选择地区主导产业的基本依据，而区位商为这一理论的应用提供了良好的量化测算方法。区位商一般通过一个地区某一行业的经济指标（如产值、从业人员等）占该地区全行业比重，除以全国该产业同一经济指标占全行业比重计算得到，是地区产业发展潜力和竞争优势的重要测度指标。随着我国产业发展面临的环境刚性约束日益增强，更多研究将产业发展环境影响因子纳入到区位商的计算过程中，为地区找到环境友好程度较高的行业、促进经济可持续发展提供了科学决策依据。本文充分借鉴国内外相关研究经验，深入考虑

* 基金项目：河北省社会科学基金项目“河北省碳排放交易机制研究”（项目编号：HB15YJ047）；河北省人才工程培养经费资助科研项目“河北省推进低碳试点城市建设路径研究”（项目编号：CA201500174）。

碳排放控制政策约束对区域产业发展的影响，设计了产业碳强度商和区域碳强度商两项指标，作为确定区域重点碳控排产业的主要依据。

（一）指标设计

1. 产业碳强度商

产业碳强度商（Industry Carbon Intensity Quotient，简称 ICIQ）是指区域某行业的单位产出碳排放水平与该地区全行业单位产出碳排放水平的比值，反映了该行业相对于区域内其他行业减排成本水平的高低，公式为：

$$ICIQ_1=\frac{c_i/a_i}{c_0/a_0}$$

其中，$ICIQ_i$ 为域内 i 行业的产业碳强度商，c_i 为区域 i 行业二氧化碳排放量，a_i 为区域 i 行业总产出，c_0 为区域内全行业二氧化碳排放量，a_0 为区域内全行业总产出。该指标大于 1，则表示区域内该行业的单位产出碳排放高于全行业平均水平，碳减排成本较低；该指标小于 1，则表示区域内该行业的单位产出碳排放低于全行业平均水平，碳减排成本较高。

2. 区域碳强度商

区域碳强度商（Regional Carbon Intensity Quotient，简称 RCIQ）该指标是指区域内某行业的单位产出碳排放水平与上一层级区域内同行业单位产出碳排放水平的比值，反映了该行业相对于上层级区域同行业碳减排潜力大小，公式为：

$$RCIQ_i=\frac{c_i/a_i}{C_0/A_0}$$

其中，$RCIQ_i$ 为 i 行业的区域碳强度商，c_i 为区域内 i 行业二氧化碳排放量，a_i 为区域内 i 行业总产出，C_0 为上级区域同行业二氧化碳排放量，A_i 为上级区域同行业总产出。该指标大于 1，则表示区域内该行业的单位产出碳排放高于上级区域同行业平均水平，行业碳减排潜力较大；该指标小于 1，则表示区域内该行业的单位产出碳排放低于上级区域同行业平均水平，行业碳减排潜力较小。

（二）评价选择方法

确定为区域重点碳控排产业必须具备两方面特点：一是行业减排成本较小，即该行业在区域各产业中碳排放强度较高，选择这样的行业作为重点控排行业，才能保证以最小的经济代价得到最优的控排效果；二是行业减排潜力较大，即区域内该行业碳强度必须高于上一级区域同行业平均水平，选择这样的行业作为重点控排行业，才能保证采取必要控排手段后能够取得预期的减排效果。为综合衡量各行业减排成本和减排潜力特点，本文将产业碳强度商作为横坐标，区域碳强度商作为纵坐标，并以 1 为分界点建立坐标系，将区域内各行业划分为减排成本较大而减排潜力较大的行业、减排成本较高而减排潜力较小的行业、减排成本和减排潜力均较小的行业、减排成本和减排潜力均较大的行业 4 个类型，为确定河北省重点碳排放控制行业提供依据（见表 1）。

表 1　各行业控排特点划分标准

	$RCIQ<1$	$RCIQ>1$
$ICIQ<1$	减排成本较大而减排潜力较小的行业	减排成本和减排潜力均较大的行业
$ICIQ>1$	减排成本和减排潜力均较小的行业	减排成本较小而减排潜力较大的行业

二、碳强度及相关指标估算

准确计算产业碳强度商和区域碳强度商两项指标，是科学确定河北省重点碳控排行业的前提。但从现有统计基础看，二氧化碳排放量和分行业产出指标获取都存在一定困难，全国及河北省温室气体排放清单尚未正式公布，而 2008 年开始我国不再对外发布年度规模以上工业分行业产值和增加值数据，因此必须首先对上述两项指标进行估算。

（一）行业碳排放量的估算

根据《省级温室气体清单编制指南（试行）》的相关内容，碳排放主要由能源活动和工业生产过程两个环节产生，而根据各地温室气体排放清单编制实践看，90％人为碳排放来自化石能源消费，因此可以利用行业能源消费产生的碳排放量来代表行业碳排放总量。能源消费碳排放计算公式如下：

$$C=\sum Q_{ph,i}\times EF_{ph,i}$$

C 指化石燃料燃烧消费的二氧化碳排放量，$Q_{ph,i}$ 为第 i 种燃料的消费量，$EF_{ph,i}$ 是对应物理单位活动水平数据的排放因子。由于缺乏本地化排放因子数据，本文利用《省级温室气体清单编制指南（试行）》中排放因子进行估算（见表 2）。

表 2　各类能源二氧化碳排放因子

能源名称	原煤 kg-co$_2$/kg	焦炭 kg-co$_2$/kg	原油 kg-co$_2$/kg	燃料油 kg-co$_2$/kg	汽油 kg-co$_2$/kg	煤油 kg-co$_2$/kg	柴油 kg-co$_2$/kg	液化石油气 kg-co$_2$/kg	炼厂干气 kg-co$_2$/kg	油田天然气 kg-co$_2$/m^3
二氧化碳排放因子	1.9003	2.8604	3.0202	3.1705	2.9251	3.0179	3.0959	3.1013	3.0119	2.1622

数据来源：《省级温室气体清单编制指南（试行）》

除了上述化石能源消费带来二氧化碳排放外，电力消费也是产生二氧化碳的重要成因，因此必须对电力消费二氧化碳排放因子进行估算。但从实际情况看，目前各区域电网单位电力消耗平均碳排放差异较大，在 0.714～1.246kg/kW·h 之间。河北省属于华北电网，但考虑到碳强度商值需要与国家数据进行比较，必须统一计算口径，才能得出客观结论，因此本文采取各区域电网单位电力消耗平均碳排放中间值 0.98 作为排放因子，对电力消费产生的碳排放量进行估算。

这样根据上述 11 种能源的碳排放因子，以及全国和河北省 2012 年各规模以上工业行业分能源品种终端能源消费实物量数据，计算得到全国及河北省各规模以上工业行业终端能源消费产生的二氧化碳排放量估算数据（见表 3）。

（二）行业产出水平的估算

行业产出水平是计算碳强度的重要指标，而目前分行业产出水平数据基础存在明显不足，规模以上工业分行业增加值指标国家和河北省统计年鉴中都未公布，规模以上工业分行业总产值指标只有河北省数据而无法获取全国数据。为解决上述问题，本文将主营业务总收入与主营业务成本的差值即主营业务净收入，作为行业产出水平的表征指标（见表 3）。

（三）碳强度的估算

根据前文规模以上工业分行业碳排放总量和主营业务净收入的估算结果，将两项指标相除得到全国和河北碳强度指标（见表 3）。

表 3　全国和河北分行业终端能源消费碳排放量、主营业务净收入和碳强度估算

单位：万吨、亿元、吨/万元

行业名称	全国			河北		
	碳排放总量	主营业务净收入	碳强度	碳排放总量	主营业务净收入	碳强度
煤炭开采和洗选业	22608	8142	2.78	1542	258	5.98
石油和天然气开采业	8043	6582	1.22	213	177	1.20
黑色金属矿采选业	5347	1825	2.93	1797	663	2.71
有色金属矿采选业	3572	1287	2.78	40	12	3.33
非金属矿采选业	3212	929	3.46	113	17	6.65
农副食品加工业	7874	6405	1.23	865	210	4.12
食品制造业	3975	3510	1.13	302	133	2.27
酒、饮料和精制茶制造业	2948	3846	0.77	182	103	1.77
烟草制品业	649	5606	0.12	11	104	0.11

续表

行业名称	全国			河北		
	碳排放总量	主营业务净收入	碳强度	碳排放总量	主营业务净收入	碳强度
纺织业	16674	4022	4.15	727	177	4.11
纺织服装、服饰业	2453	2840	0.86	149	44	3.39
皮革、毛皮、羽毛及其制品和制鞋业	1694	1751	0.97	145	171	0.85
木材加工和木、竹、藤、棕、草制品业	3404	1553	2.19	186	26	7.15
家具制造业	565	941	0.60	66	20	3.30
造纸和纸制品业	9371	1777	5.27	516	68	7.59
印刷和记录媒介复制业	1173	832	1.41	53	34	1.56
文教、工美、体育和娱乐用品制造业	764	1348	0.57	35	27	1.30
石油加工、炼焦和核燃料加工业	13190	4705	2.80	515	211	2.44
化学原料和化学制品制造业	71915	9838	7.31	3313	285	11.62
医药制造业	3887	5176	0.75	403	148	2.72
化学纤维制造业	3851	596	6.46	69	10	6.90
橡胶和塑料制品业	11449	3540	3.23	470	138	3.41
非金属矿物制品业	69029	7350	9.39	4928	257	19.18
黑色金属冶炼和压延加工业	166571	5574	29.88	35792	979	36.56
有色金属冶炼和压延加工业	41872	3660	11.44	189	89	2.12
金属制品业	11425	4074	2.80	782	286	2.73
通用设备制造业	10192	6416	1.59	385	173	2.23
专用设备制造业	4918	4974	0.99	408	206	1.98
汽车制造业	7446	8618	0.86	354	252	1.40
铁路、船舶、航空航天和其他运输设备制造业	3004	2226	1.35	118	60	1.97
电气机械和器材制造业	6668	8500	0.78	370	213	1.74
计算机、通信和其他电子设备制造业	7958	7898	1.01	90	47	1.91
仪器仪表制造业	892	1324	0.67	9	16	0.56
废弃资源综合利用业	296	298	0.99	33	9	3.67
金属制品、机械和设备修理业	217	153	1.42	63	4	15.75
电力、热力生产和供应业	40245	5292	7.60	2935	191	15.37
燃气生产和供应业	1268	518	2.45	12	15	0.80
水的生产和供应业	3433	329	10.43	42	8	5.25

三、行业碳强度评价及重点控排行业选择

根据河北省现有统计基础，开采辅助活动未作统计，而其他采矿业和其他制造业没有明确产业指向，因此本文仅计算其余38个工业行业（国家统计局对41个工业行业进行分类统计）的产业碳强度商和区域碳强度商指标，并通过比较分析确定河北省重点控排行业。

（一）产业碳强度商和区域碳强度商计算及结果分析

从产业碳强度商计算结果看，河北省38个工业行业中，化学原料和化学制品制造业，非金属矿物制品业，黑色金属冶炼和压延加工业，金属制品、机械和设备修理业，电力、热力生产和供应业等5个行业产业碳强度商大于1，单位产出碳排放高于全省工业平均水平，产出环境效益较差，其中黑色金属冶炼和压延加工业碳强度最高，为全省工业的3.66倍。其余33个工业行业产业碳强度商均小于1，单位产出碳排放低于全省工业平均水平，其中烟草制品业，皮革、毛皮、羽毛及其制品和制鞋业，仪器仪表制造业，燃气生产和供应业4个行业产业碳强度商低于0.1，是较为符合低碳发展要求的行业（见表4）。

从区域碳强度商计算结果看，河北省38个工业行业中仅有石油和天然气开采业，黑色金属矿采选业，烟草制品业，纺织业，皮革、毛皮、羽毛及其制品和制鞋业，石油加工、炼焦和核燃料加工业，有色金属冶炼和压延加工业，金属制品业，仪器仪表制造业，燃气生产和供应业，水的生产和供应业等11个行业区域碳强度商小于1，单位产出碳排放低于全国同行业平均水平，经济环境综合效益优于全国同行业。而其余27个工业行业区域碳强度商均大于1，单位产出碳排放高于全国同行业平均水平，经济环境综合效益低于全国同行业，具有较大的减排潜力（见表4）。

表4 河北规模以上工业分行业产业碳强度商和区域碳强度商的估算

行业名称	*ICIQ*	*RCIQ*
煤炭开采和洗选业	0.60	2.15
石油和天然气开采业	0.12	0.99
黑色金属矿采选业	0.27	0.93
有色金属矿采选业	0.33	1.19
非金属矿采选业	0.65	1.88
农副食品加工业	0.41	3.35
食品制造业	0.23	2.00
酒、饮料和精制茶制造业	0.18	2.30

续表

行业名称	*ICIQ*	*RCIQ*
烟草制品业	0.01	0.95
纺织业	0.41	0.99
纺织服装、服饰业	0.34	3.93
皮革、毛皮、羽毛及其制品和制鞋业	0.08	0.87
木材加工和木、竹、藤、棕、草制品业	0.71	3.25
家具制造业	0.33	5.45
造纸和纸制品业	0.76	1.43
印刷和记录媒介复制业	0.16	1.11
文教、工美、体育和娱乐用品制造业	0.13	2.31
石油加工、炼焦和核燃料加工业	0.24	0.87
化学原料和化学制品制造业	1.16	1.59
医药制造业	0.27	3.64
化学纤维制造业	0.72	1.12
橡胶和塑料制品业	0.34	1.05
非金属矿物制品业	1.92	2.05
黑色金属冶炼和压延加工业	3.66	1.22
有色金属冶炼和压延加工业	0.21	0.18
金属制品业	0.27	0.97
通用设备制造业	0.22	1.40
专用设备制造业	0.20	2.00
汽车制造业	0.14	1.62
铁路、船舶、航空航天和其他运输设备制造业	0.20	1.47
电气机械和器材制造业	0.17	2.21
计算机、通信和其他电子设备制造业	0.19	1.91
仪器仪表制造业	0.06	0.82
废弃资源综合利用业	0.36	3.64
金属制品、机械和设备修理业	1.46	10.28
电力、热力生产和供应业	1.54	2.02
燃气生产和供应业	0.08	0.32
水的生产和供应业	0.54	0.52

（二）河北省重点碳控排行业选择

为进一步明确河北重点控排行业，本文将各工业行业视为由横纵坐标（$ICIQ_i$，$RCIQ_i$）决定的坐标点，放入以产业碳强度商为横坐标、以区域碳强度商为纵坐标、以1

为分界点建立的坐标系中进行对比分析。

从河北省工业行业在“产业碳强度商-区域碳强度商坐标系”中的分布情况看，化学原料和化学制品制造业，非金属矿物制品业，黑色金属冶炼和压延加工业，金属制品、机械和设备修理业，电力、热力生产和供应业 5 个行业处于第一象限，单位产出碳排放高于全省各行业平均水平，也高于全国同行业平均值，单位碳减排成本较低且减排潜力较大。但考虑到金属制品、机械和设备修理业碳排放总量仅为 62.98 万吨，与其他 4 个行业在碳排放量上存在数量级的差异（其他 4 个行业碳排放均在千万吨以上），不宜作为重点碳控排行业。为突出重点、明确抓手，应仅将黑色金属冶炼和压延加工业，非金属矿物制品业，化学原料和化学制品制造业，电力、热力生产和供应业 4 个行业作为河北省近期开展碳排放控制的重点工业行业。通过计算，黑色金属冶炼和压延加工业，非金属矿物制品业，化学原料和化学制品制造业，电力、热力生产和供应业碳排放总量占全部工业的 80.4%，近期将这些行业作为河北省碳排放控制的重点，能够取得事半功倍的效果（见图 1）。

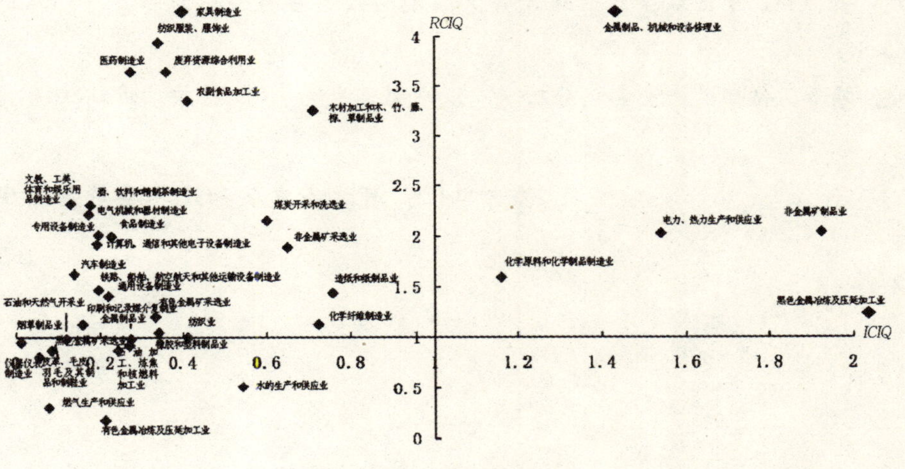

图 1　产业碳强度商-区域碳强度商坐标系下河北省工业行业分布图

四、结论与展望

本文首次提出了产业碳强度商和区域碳强度商的概念和计算公式，并以此为依据开展了河北省重点碳控排行业选择研究，确定了黑色金属冶炼和压延加工业，非金属矿物制品业，化学原料和化学制品制造业，电力、热力生产和供应业等近期重点碳控排行业，对区位商及相关产业结构优化理论进行了延伸与拓展，也为河北省开展碳排放监控工作提供了可资借鉴的决策参考。

未来，为进一步巩固提升河北省碳控排效果，应在重点碳控排行业取得明显减排成效、经济下行压力逐步缓解的基础上，加大对位于“产业碳强度商-区域碳强度商坐标系”中第二象限的22个行业开展节能降碳工作，充分挖掘各行业减碳潜力，为河北省实现低碳发展奠定更为坚实的基础。

同时，本文受篇幅限制，未对各工业行业碳排放强度偏高的成因开展深入分析，没有明确重点碳控排工艺环节，未来需要在这些领域开展更为深入的研究，为河北省构建低碳产业体系提供深入翔实的决策依据。

参考文献：

[1] 刘鹤，刘洋，许旭. 基于环境效率评价的成渝经济区产业结构与布局优化 [J]. 长江流域资源与环境，2012，9：1058-1066.

[2] 杨骞，刘华军. 中国碳强度分布的地区差异与收敛性——基于1995～2009年省际数据的实证研究 [J]. 当代财经，2012，2：87-98.

[3] 周建，易点点. 中国碳排放省级差异及其影响因素与减排机制研究 [J]. 上海经济研究，2012，11：65-80.

[4] 易斌. 基于区位熵的产业实证分析——以湖南省为例 [J]. 科技广场，2016，3：162-165.

作者单位：河北省发展和改革委员会宏观经济研究所

贫困地区农户土地流转意愿影响因素分析

——基于河北省 34 个省级以上贫困县的调查

王 洲

一、引言

土地是社会经济发展的基础，农村土地更是承担着农业发展、农村稳定、农户增收的十分重要的责任。随着社会经济的发展，一些土地问题逐步凸显并亟待解决，主要体现在：一是家庭联产承包责任制下的一家一户土地经营所表现出来的地块分散、效率低下已不再适应农业经济发展；二是由于我国城镇化水平提高，大量农村人口转移到城镇，许多地区出现土地闲置、撂荒等。农村土地流转是解决上述问题的有效途径，尤其是对于贫困地区来说，通过实施土地流转、规模经营，对于贫困地区提高土地产出率，助推脱贫攻坚，实现农业现代化、规模化经营具有重要意义。

河北省 2015 年耕地9 806.6万亩，占全省土地总面积的 1/3，人均耕地不到 1.4 亩，低于全国平均水平。与土地流转率较高省份相比，河北省在推动土地流转进程中，面临农户流转意愿较低、流转发生率相对更低等问题。因此，本文以河北省贫困地区为例，深入探析土地流转过程中的问题，找出影响农户土地流转意愿的影响因素，这对于在全面实现小康、精准扶贫进程中推动贫困地区土地流转工作具有重要意义，有利于为相关政策制定和工作开展提供参考和建议，也为全国其他省份贫困地区的土地流转工作推进提供借鉴。

二、数据来源及调查概述

（一）数据来源

本次调研集中在 2016 年 7 月。样本总数为 809 份，有效样本为 806 份，占问卷总数的 99.6%。此次调查的范围涉及河北省保定、沧州、承德、衡水、秦皇岛、石家庄、邢台、张家口等 8 个地级市所辖范围内的 34 个省级以上贫困县。分别选择了若干乡镇以及村进行调研，此次调查是以户为单位，每户采用一份调查问卷。

本次调查主要分为三个部分：第一部分是农户所在村庄的基本情况，如村庄地形、村庄类别等；第二部分是流转基本情况，如农户情况：年龄、受教育程度、对土地政策认知等；农户家庭情况：家庭去年总收入、种田收入占比等；农户所在村庄情况：村庄主要地形、全村土地亩数、村庄外出打工人数占全村人数比例等；第三部分是村庄规模种养殖大户基本情况，如村中规模种养殖大户的地怎么租来的、租地的用途等。

（二）调查概述

1. 农户土地流转意愿及其意愿分析

在剔除已经有流转行为的样本数据之后，样本中关于土地的流转意愿显示，201 人表示愿意流转自己的土地，占比达到 42.77%；166 人不愿意流转土地，比例达到 35.32%；对于土地流转采取无所谓态度的有 103 人，占 21.91%。可见，愿意流转土地的农户占比相对于不愿意流转的比例较高（见表 1）。

表 1　农户土地流转意愿（剔除已经有流转行为的样本）

流转意愿	样本数	比例
愿意流转	201	42.77%
不愿意流转	166	35.32%
无所谓	103	21.91%
合计	470	100%

2. 农户对土地相关政策的认知

“对土地所有权归属的认识”一题中，农户选择“国家”的最多，占比为 41.05%；选择“乡镇政府”“村集体”“自己”“不清楚”的比例分别为 2.63%、20.28%、29.66%、6.38%；在“土地权利长久不变”一题中，选择“听说过”“没听说过”“不知道”的比例分别为 38.80%、29.29%、31.91%。可见，这些问题的回答体现出农户关于土地权利和政策认知水平有待提高。

3. 农户对土地流转在村庄发家致富奔小康的过程中的作用和政府在土地流转中应发挥什么作用的看法

农户希望政府在推动农村土地流转、引导适度规模经营中“有组织、有人管，加大对农村土地经营大户的政策和资金支持，提供就业等保障”三者占比较高，分别为 51.19%、47.43%、40.90%；在盘活土地资源，推进土地流转在村庄发家致富奔小康过程中的作用时，“有重要作用，但须其他配套措施”占比达 41.77%。可见，在农户看来，政府在土地流转过程中具有重要作用，要加强土地流转工作的相关引导、加大政策资金支持力度。

三、贫困地区土地流转意愿影响因素实证分析

（一）模型设定与变量选择

农户土地流转意愿基本为愿意土地流转和不愿意土地流转两种情况，设定愿意土地流转的农户为1，不愿意土地流转的农户为0，无所谓态度的农户将其按缺失值处理，根据这一基本特征选择二元 Logistic 回归模型对于影响农户土地流转意愿的影响因素进行详细分析。模型的因变量设定为农户是否愿意土地流转。

模型的形式为：

$$\ln\frac{p}{1-p}=\beta_0+\beta_1x_1+\cdots+\beta_kx_k$$

其中，β_0，β_1，…，β_k 是待估参数。根据上式可以得到优势的值：

$$\frac{p}{1-p}=e^{\beta_0+\beta_1x_1+\cdots+\beta_kx_k}$$

可以看出，参数 β_i 是控制其他 x 时 x_i 每增加一个单位对优势产生的乘积效应。概率 p 的值：

$$p=\frac{e^{\beta_0+\beta_1x_1+\cdots+\beta_kx_k}}{1+e^{\beta_0+\beta_1x_1+\cdots+\beta_kx_k}}$$

自变量为农户特征、家庭特征、土地政策认知、村庄特征。其中农户特征选择年龄、文化程度2个变量；家庭特征选择在家劳动力人均土地数量、家庭去年总收入、种田收入占比3个变量；土地政策认知情况选择土地归谁所有和与土地权利“长久不变”2个变量；村庄特征选择全村土地亩数、主要地形、是否有规模种养殖大户3个变量（见表2）。

表2　相关变量

变量名称	变量描述
农户特征	年龄/岁
	文化程度（小学及以下＝0，初中＝1，高中＝2，大专及以上＝3）
家庭特征	在家劳动力人均土地数/亩·人$^{-1}$
	去年总收入（3000元以下＝0，3000～10000元＝1，10000～30000元＝2，30000元以上＝3）
	种田收入占比（三成及以下＝0，三到五成＝1，五到七成＝2，七成以上＝3）
土地政策认知	土地归谁所有（国家＝0，乡镇政府＝1，村（组）集体＝2，自己＝3）
	土地权利“长久不变”（听说过＝1，不知道＝0）
村庄特征	全村土地亩数/亩
	主要地形（平原＝0，山地＝1，丘陵＝2）
	是否有规模种养殖大户（有＝1，没有＝0）

（二）实证结果及分析

1. 实证结果

为了准确分析调查数据，采用 Stata12.0 统计软件对各项数据进行 Logistic 回归分析，模型结果如表 3 所示。

表 3　实证结果

	变量	流转意愿
农户特征	年龄	0.0259 (0.0244)
	文化程度（以“小学及小学以下”为参照组）	
	初中	0.526 (0.466)
	高中	1.122** (0.564)
	大专及以上	0.430 (0.843)
家庭特征	在家劳动力人均土地数	−0.0266 (0.0356)
	去年总收入（以“3000 元以下”为参照组）	
	3000～10000 元	−1.235* (0.649)
	10000～30000 元	−0.179 (0.689)
	30000 元以上	−0.340 (0.768)
	种田收入占比（以“三成及以下”为参照组）	
	三到五成	−0.112 (0.511)
	五到七成	−0.634 (0.576)
	七成以上	−0.440 (0.593)
土地政策认知	土地归谁所有（以“国家”为参照组）	
	乡镇政府	1.287 (1.350)
	村（组）集体	−0.631 (0.493)
	自己	−0.907* (0.493)

续表

	变量	流转意愿
	土地权利“长久不变”（以“不知道”为参照组）	
	听说过	1.904*** (0.468)
村庄特征	全村土地亩数	0.000310** (0.000123)
	主要地形（以“平原”为参照组）	
	山地	0.499 (0.543)
	丘陵	1.307** (0.522)
	是否有规模种养殖大户（以“没有”为参照组）	
	有	−1.586*** (0.541)
	常数	−0.719 (1.725)
	样本数	181

注：***为 $p<0.01$，**为 $p<0.05$，*为 $p<0.1$

2. 结果分析

（1）农户自身特征对农户土地流转意愿的影响。模型结果分析显示，农户年龄对土地流转意愿无显著影响，但是其系数为正。说明农户随着年龄增大，对于土地流转意愿也就越强，可能的原因是年龄增大农户的劳动能力随之下降，不得不将土地进行流转。

文化程度对农户土地流转意愿的影响由回归结果可以看出，高中文化对意愿影响是显著的，且系数为1.122，说明相对于小学文化来说，具有高中文化的农户的土地流转意愿显著增强。而且，相对于小学及以下文化程度来说，初中、高中和大专及以上的文化程度的农户更愿意土地流转，说明随着农户文化程度增高，对于土地的依赖程度将降低，拥有从事非农业的机会就越多，因此其土地流转的意愿也就越强。

（2）农户家庭特征对农户土地流转意愿的影响。农户家庭中在家劳动力人均土地数对土地流转意愿无显著影响，其系数为负，表明随着在家劳动力人均土地亩数增多，流转意愿降低。这是因为在家劳动力人均土地数量越大，劳动力通过务农带来的家庭收入就越多，因此这种类型的家庭农业收入占比相对较高，对于土地的依赖性也就越大，选择非农就业的机会就会减少，流转意愿也会降低。

家庭去年总收入在3000～10 000元、10 000～30 000元和30 000元以上的影响系数均为负数，表明随着家庭去年总收入的增加，土地流转意愿是降低的。原因可能是在贫困地区农户主要以务农为主，家庭总收入又是以农业收入占比最多。因此，农户更倾向于不流转土地。

种田收入占比中三到五成、五到七成和七成以上的影响系数均为负数，说明随着种田收入占比的增加，土地流转的意愿逐渐降低，这一点与家庭去年总收入的分析相一致，即农户家庭总收入增加，且贫困地区的农户家庭总收入中种田收入占比较高，故不愿意把土地流转出去。

(3) 农户土地政策认知情况对农户土地流转意愿的影响。认知土地归谁所有对农户土地流转意愿影响的分析结果显示，相对于认为土地归乡镇政府所有而言，认为土地是村（组）集体所有、自己所有的农户更不愿意将土地流转出去。原因可能是农户觉得土地归政府所有更加稳定和可靠，进行土地流转不会有太多顾虑。

农户对土地权利“长久不变”的国家政策的认识对土地流转意愿有显著的影响，且系数为正，表明越是能够认识到土地权利“长久不变”的农户，对土地流转的意愿就越强。他们认为土地权利的长久不变，意味着土地权益能够得到保障。无论是流入还是流出，农户的顾虑也会减少，就越愿意流转土地。

(4) 所在村庄特征对农户土地流转意愿的影响。全村土地亩数对土地流转意愿有显著影响，显著性水平小于0.05，且系数为正，说明全村土地亩数越多，农户进行土地流转意愿越强。当全村土地亩数较多时，农户通过土地流转更容易获得规模经营所带来的成本的减少和收益的增加。

村庄主要地形中，山地和丘陵的影响系数都为正，且丘陵相对于平原来说影响显著，伴随概率小于显著性水平0.05。说明相对于平原来说，以山地和丘陵为主的村庄，农户的土地流转意愿较强。原因可能是村庄的地形以山地和丘陵为主的，对于种田的难度较大，进而使得种田收入占比较低，农户更多地倾向于非农就业来增加家庭收入，降低了对种田的依赖性。

由回归结果可以看出，村里有规模种养殖大户的对土地流转意愿影响有负向作用，且伴随概率小于显著性水平0.01。其原因可能是规模种养殖大户的带头示范作用没有很好地发挥出来，或者其经营收益欠佳给农户造成了一定的误区，使农户对土地流转产生了认识上的偏差。对于这个问题相关部门要给予高度重视，不然会极大地降低农户对于土地流转的积极性。同时也说明对于已经发生土地流转的村庄或者规模种养殖大户要加强相关信息、技术、政策等方面的服务，使其切实能从土地流转中获得收益，享受到实惠，发挥好带头示范作用，促进土地流转工作顺利进行。

四、结论与政策建议

研究结果表明，农户的年龄越大、文化程度越高越愿意进行土地流转；农户家庭中在家劳动力人均土地数量越多、种田收入占比越高越不愿意进行土地流转；相对于平原为主的村庄来说，以山地和丘陵为主的村庄、全村土地亩数越多的，农户的土地流转意愿比较强；村里没有规模种养殖大户的农户流转意愿要强于村里有规模种养殖大户的农户。据此启示，为促进河北省贫困地区土地流转，提高土地利用效率，应注意以下几个方面：

1. 加大基础设施投入，降低土地规模经营成本

对于“如果您愿意流转，是出于何种原因?”一题，选择“自己耕种成本高、辛苦、收入低”的占比为69.57%。这是由于，贫困地区农村大多交通不便，耕地贫瘠，农业产出效率低下。另外，贫困地区农业基础设施较薄弱，若进行土地流转，实现规模经营需要相应配套基础设施，这些投入将会增加耕种成本。因此，要加大对农村基础设施的投入，为实现土地规模化经营提供有力的支持条件。

2. 加强土地流转的宣传力度，提高农户对国家土地政策的认知

政府政策的宣传及农户对土地政策的认知对于土地流转有很大的影响。在被问及“在您看来，您种的地归谁所有?”时，只有20.28%的被访对象选择了“村（组）集体”；在被问及“土地的确权是确定的什么权利?”时，只有22.58%的被访对象选择了“经营权”；在被问及是否“听说过农民的土地权利‘长久不变’的国家政策”时，只有38.8%的受访对象选择了“听说过”。因此，要对广大农户加大宣传力度，让农户了解和掌握土地流转相关政策，加快推进土地流转。

3. 培育中介组织，完善土地流转市场环境

相对于流转意愿来说，流转行为发生率较低。通过调查发现，对于“最大的租地方的地是怎么租来的?”一题，选择“从每家每户农户那里分别租过来的”的占比为69.19%；对于“合同是跟谁签的（合同的对方是谁)?”一题，选择“跟企业或大户直接签的”的占比为53.09%。因此，可以看出贫困地区由于信息沟通闭塞、农村专业合作组织不完善，现有的土地流转基本上是农户邻里之间进行，流转的范围较小且流转方式单一，没有形成土地规模化、集约化经营，土地生产效率依旧低下。这就要求对于土地流转的中介组织的培育和发展给予相应的支持，进一步完善土地流转市场环境，推动农村土地流转工作更好地进行。

4. 制定扶持贫困地区规模种养殖大户的政策，增强带头示范作用

规模种养殖大户是土地流转的先行示范，也是推动土地流转进一步发展的重要力量。

通过调查发现，在“据你了解，租地大户的农活谁在做?”一题中，选择“主要雇本村的村民干活”的比例占到65.43%。可见，规模种养殖大户对于扩大当地农户的就业、增加当地农户收入，以及稳定社会方面的重要作用。但是实证结果显示，有规模种养殖大户的村庄农户的流转意愿较低。因此，要加强对这部分群体的保护及支持力度，通过规模种养殖大户的实际收益，来增强带头示范作用，促进土地流转工作的进行。

参考文献：

[1] 罗必良，汪沙，李尚蒲. 交易费用、农户认知与农地流转——来自广东省的农户问卷调查[J]. 农业技术经济，2012，1：11-21.

[2] 唐文金. 农户土地流转意愿与行为研究 [M]. 北京：中国经济出版社，2008.

[3] 乐章. 农民土地流转意愿及解释——基于十省份千户农民调查数据的实证分析 [J]. 农业经济问题，2010，2：64-70.

[4] 徐美银，陆彩兰，陈国波. 发达地区农民土地流转意愿及其影响因素分析——来自江苏的566户样本 [J]. 经济与管理研究，2012，7：66-74.

[5] 钟晓兰，李江涛，冯艳芬等. 农户认知视角下广东省农村土地流转意愿与流转行为研究[J]. 资源科学，2013，10：2082-2093.

[6] 张忠明，钱文荣. 不同兼业程度下的农户土地流转意愿研究——基于浙江的调查与实证[J]. 农业经济问题，2014，3：19-24.

[7] 许恒周，郭忠兴. 农村土地流转影响因素的理论与实证研究——基于农民阶层分化与产权偏好的视角 [J]. 中国人口·资源与环境，2011，3：94-98.

[8] 刘卫柏. 基于Logistic模型的中部地区农村土地流转意愿分析——来自湖南百村千户调查的实证研究 [J]. 求索，2011，9：81-83.

作者单位：河北大学经济学院

基于因子分析的河北省各市工业企业创新能力评价

李梁虹

一、引言

现代经济竞争背后的本质是创新能力的竞争。我国经济发展新常态要求我省必须由要素驱动、投资驱动转向创新驱动，“互联网+”、中国制造 2025 和我省产业转型升级等也迫切要求我省企业必须依靠创新驱动来转变发展方式，提高企业竞争力。

如今，河北省各市之间发展存在不平衡现象，尤其在工业企业方面。工业企业作为河北省经济发展的领路者，创新能力的评价和提升就显得尤为重要。如何正确地、客观地评价河北省各市工业企业的创新能力，找出各市之间的差异，对于河北省经济的发展有着很大的促进作用。

近年来，无论是工业企业还是其他企业的创新能力评价问题引起了很多国内外学者专家的关注。但是到目前为止，依然尚未形成统一的创新能力评价要素范围和评价标准。Guan 和 Ma 指出创新能力是一种特殊的资源。创新能力涉及范围很广，不仅表现在技术、产品和工艺上，还表现在知识、经验和组织等多个方面。Burgelman 等认为企业创新能力是很多特征的综合表现。主要目的为促进和支持企业的创新战略。缪根红等选取了代表性强的 13 个二级指标构建了大中型工业企业的创新能力评价指标体系。通过因子分析，确定了影响工业企业创新能力的关键因素，最终建立了创新能力的评价模型。李文琴等构建了包含 21 项指标体系在内的因子分析评价模型。并且运用聚类分析就陕西省和我国其他省的创新能力进行了横向评价比较，通过划分等级，确定了陕西省创新能力所处的位置，针对性地提出发展对策和建议。

二、基于因子分析法的河北省各市工业企业创新能力评价分析

（一）评价指标体系的建立

本文借鉴国内外研究成果的基础上结合河北省统计局有关工业企业创新能力统计指标，选取了代表性较强的反应河北省各市工业企业创新能力的27个指标进行综合评价。指标体系如表1所示。

表1 河北省工业企业创新能力评价指标体系

X_1	有创新活动的企业数/个	X_2	成功实现创新的企业数/个
X_3	同时实现四种创新的企业数/个	X_4	年末从业人员数/人
X_5	主营业务收入/万元	X_6	利润总额/万元
X_7	资产总计/万元	X_8	有产品或工艺创新的企业数/个
X_9	有内部R&D的企业数/个	X_{10}	有外部R&D的企业数/个
X_{11}	获得机器设备和软件的企业数/个	X_{12}	从外部获取相关技术的企业数/个
X_{13}	有相关培训的企业数/个	X_{14}	有市场推介的企业数/个
X_{15}	有相关设计的企业数/个	X_{16}	有其他创新活动的企业数/个
X_{17}	与高校开展创新合作的企业数/个	X_{18}	与研究机构开展创新合作的企业数/个
X_{19}	有组织（管理）创新企业数/个	X_{20}	有营销创新的企业数/个
X_{21}	申请了专利的企业数/个	X_{22}	申请了注册商标的企业数/个
X_{23}	申请了版权登记的企业数/个	X_{24}	形成了国家或行业技术标准的企业数/个
X_{25}	对技术秘密进行内部保护的企业数/个	X_{26}	应用了难以复制的复杂技术的企业数/个
X_{27}	发挥了时间上先发优势的企业数/个		

（二）数据收集及方法的选择

本文中河北省各市工业企业创新能力的相关数据来源于2014年度企业创新调查资料。由于评价指标的数据较多，并且某些指标之间还有一定的相关性，鉴于此，本文借助因子分析法进行主要成分分析。

（三）基于因子分析的河北省各市工业企业创新能力的评价研究

为了消除量纲和数量级的影响，首先将原始数据进行标准化处理。接着，进行变量的相关性检验。检验得知，原始变量之间有着很强的相关性，适合进行因子分析。

表 2 河北省各市工业企业各指标公因子方差表

	初始值	提取值
Zscore：利润总额	1.000	0.895
Zscore：资产总计	1.000	0.917
Zscore：有产品或工艺创新的企业数	1.000	0.973
Zscore：有内部 R&D 的企业数	1.000	0.973
Zscore：有外部 R&D 的企业数	1.000	0.845
Zscore：获得机器设备和软件的企业数	1.000	0.932
Zscore：从外部获取相关技术的企业数	1.000	0.828
Zscore：有相关培训的企业数	1.000	0.976
Zscore：有市场推介的企业数	1.000	0.926
Zscore：有相关设计的企业数	1.000	0.908
Zscore：有其他创新活动的企业数	1.000	0.878
Zscore：与高校开展创新合作的企业数	1.000	0.891
Zscore：与研究机构开展创新合作的企业数	1.000	0.749
Zscore：有组织（管理）创新的企业数	1.000	0.928
Zscore：有营销创新的企业数	1.000	0.926
Zscore：申请了专利的企业数	1.000	0.894
Zscore：申请了注册商标的企业数	1.000	0.671
Zscore：申请了版权登记的企业数	1.000	0.905
Zscore：形成了国家或行业技术标准的企业数	1.000	0.706
Zscore：对技术秘密进行内部保护的企业数	1.000	0.826
Zscore：应用了难以复制的复杂技术的企业数	1.000	0.751
Zscore：发挥了时间上的先发优势的企业数	1.000	0.847
Zscore：有创新活动的企业数	1.000	0.959
Zscore：成功实现创新的企业数	1.000	0.945
Zscore：同时实现四种创新的企业数	1.000	0.948
Zscore：年末从业人员数	1.000	0.926
Zscore：主营业务收入	1.000	0.804

从表 2 可以看到，除了申请了注册商标的企业数、形成了国家或行业技术标准的企业数、与研究机构开展创新合作的企业数和应用了难以复制的复杂技术的企业数 4 个指标的信息损失较大外，主成分几乎包含了各个原始变量大部分的信息。因此，提取的公因子对各变量的解释能力是较强的。

表 3　河北省各市工业企业各指标方差贡献表

因子	初始特征值			提取平方和载入			旋转平方和载入		
	特征值	方差%	累积%	特征值	方差%	累积%	特征值	方差%	累积%
1	22.123	81.936	81.936	22.123	81.936	81.936	12.266	45.431	45.431
2	1.604	5.939	87.875	1.604	5.939	87.875	11.460	42.445	87.875
3	0.989	3.661	91.537						
4	0.565	2.094	93.631						
5	0.540	1.999	95.629						
6	0.450	1.666	97.295						
7	0.360	1.334	98.629						
8	0.169	0.625	99.254						
9	0.125	0.462	99.716						
10	0.077	0.284	100.000						
11	8.535E-16	3.161E-15	100.000						
12	7.508E-16	2.781E-15	100.000						
13	6.705E-16	2.484E-15	100.000						
14	4.347E-16	1.610E-15	100.000						
15	3.009E-16	1.114E-15	100.000						
16	1.947E-16	7.212E-16	100.000						
17	1.426E-16	5.283E-16	100.000						
18	7.409E-17	2.744E-16	100.000						
19	1.318E-17	4.883E-17	100.000						
20	1.023E-16	−3.788E-16	100.000						
21	−2.161E-16	−8.003E-16	100.000						
22	−2.743E-16	−1.016E-15	100.000						
23	−3.821E-16	−1.415E-15	100.000						
24	−4.751E-16	−1.760E-15	100.000						
25	−5.625E-16	−2.083E-15	100.000						
26	−6.221E-16	−2.304E-15	100.000						
27	−1.310E-15	−4.853E-15	100.000						

提取方法：主成分分析

如表 3 所示，为各主成分解释原始变量总方差的情况。从表中也可以明确地看出，本文保留两个主成分为宜，这两个主成分集中了原始变量 87.875%的信息量，取得了令人满意的效果。

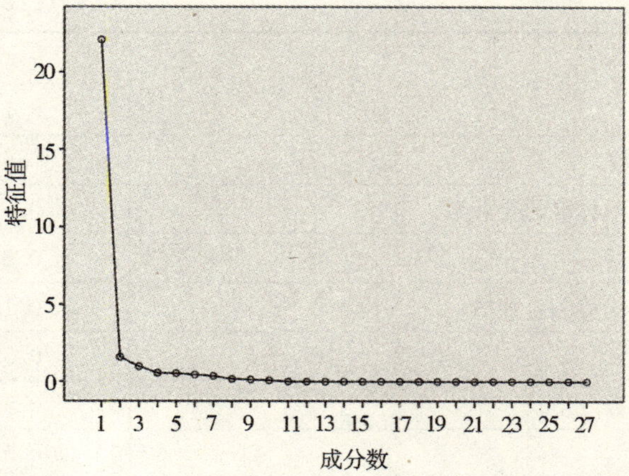

图 1　碎石图

碎石图将因子按特征值从大到小依次排列，由碎石图可知，陡峭的部分对应的特征根较大，作用也相应明显，平缓部分对应较小的特征值，影响不明显。在此，进一步的证明本文只考虑两个公因子即可。

此时得到了初始主因子载荷矩阵的分析结果，但是由于此结果和评价指标的关系结构不是很明确，提取得到的主因子的实际意义不好解释，因此，本文继续采用方差极大正交旋转法进行因子分析，得到载荷矩阵。

表 4　各指标因子旋转载荷矩阵表

指标	成分	
	1	2
Zscore：与高校开展创新合作的企业数	0.903	0.274
Zscore：申请了专利的企业数	0.874	0.362
Zscore：有相关设计的企业数	0.860	0.410
Zscore：应用了难以复制的复杂技术的企业数	0.850	0.171
Zscore：有内部 R&D 的企业数	0.834	0.526
Zscore：有市场推介的企业数	0.819	0.505
Zscore：申请了版权登记的企业数	0.806	0.505
Zscore：同时实现四种创新的企业数	0.804	0.549
Zscore：有相关培训的企业数	0.784	0.600
Zscore：有产品或工艺创新的企业数	0.699	0.696
Zscore：有其他创新活动的企业数	0.697	0.627
Zscore：对技术秘密进行内部保护的企业数	0.677	0.607

续表

指标	成分	
	1	2
Zscore：有外部 R&D 的企业数	0.666	0.633
Zscore：形成了国家或行业技术标准的企业数	0.617	0.570
Zscore：利润总额	0.232	0.917
Zscore：发挥了时间上的先发优势的企业数	0.139	0.910
Zscore：有创新活动的企业数	0.526	0.826
Zscore：成功实现创新的企业数	0.516	0.824
Zscore：资产总计	0.511	0.809
Zscore：年末从业人员数	0.564	0.780
Zscore：主营业务收入	0.477	0.759
Zscore：有组织（管理）创新的企业数	0.603	0.751
Zscore：有营销创新的企业数	0.655	0.705
Zscore：从外部获取相关技术的企业数	0.577	0.704
Zscore：获得机器设备和软件的企业数	0.681	0.684
Zscore：与研究机构开展创新合作的企业数	0.589	0.635
Zscore：申请了注册商标的企业数	0.575	0.584

经过旋转，两个主因子较高的载荷都很有规律地分布在若干个评价指标上，说明这些评价指标和主因子之间具有比较明显的结构关系，经济意义也更容易解释。

第一主因子主要由变量 X_3、X_8、X_9、X_{10}、X_{13}、X_{14}、X_{15}、X_{16}、X_{17}、X_{21}、X_{23}、X_{24}、X_{25}、X_{26}等组成，这些变量作用在第一因子上的载荷比较高。这几个指标从不同程度上反映了河北省各市工业企业的基本情况。可见，工业企业的创新能力和企业自身的发展水平有着很大的关系。

第二主因子主要由变量 X_1、X_2、X_4、X_5、X_6、X_7、X_{11}、X_{12}、X_{18}、X_{19}、X_{20}、X_{22}、X_{27}等组成，它们作用在第二主因子上的载荷较高，从不同的方面反映了创新活动在企业创新中的重要作用。因此，要提升河北省工业企业的创新能力，就必须加大对工业企业创新活动的扶持力度。

在确定主成分后，运用 SPSS 软件可以得到各个因子上的得分。将各主因子的方差贡献率占两个主因子方差贡献率的比重作为权重进行加权，得到各地区创新能力的综合得分和排名，结果如表 5 所示。

表 5　河北省各市工业企业创新能力综合得分及排名

城市	F_1	F_2	F	排名
石家庄市	2.75288	0.52004	1.674414669	1
唐山市	−0.44482	2.31746	0.889399400	2
沧州市	−0.13786	0.38435	0.114374032	3
保定市	−0.16942	0.37113	0.091672180	4
邢台市	0.49243	−0.78550	−0.124824582	5
邯郸市	−1.02549	0.71871	−0.183025778	6
廊坊市	−0.33326	−0.25346	−0.294719144	7
秦皇岛市	0.06278	−0.74376	−0.326790726	8
张家口市	−0.42733	−0.65805	−0.538776233	9
承德市	−0.00550	−1.19934	−0.582143463	10
衡水市	−0.76440	−0.67160	−0.719584847	11

根据综合得分，可以综合评价河北省各市工业企业的创新能力发展情况。综合排名前三的是石家庄市、唐山市、沧州市，综合得分后三位的依次是衡水市、承德市和张家口市。因此，衡水市、承德市、张家口市应该加大工业企业创新扶持的力度，把城市企业创新发展战略放在首位，以此来推动经济发展，只有经济发展了，工业企业的创新能力才能提高。

三、结论与讨论

从上述排名中可以看出，河北省各市工业企业创新能力发展不平衡，区域差异明显。石家庄市、唐山市、沧州市的工业企业创新能力较好，张家口市、承德市、衡水市的工业企业创新能力较差。同时，由影响各市工业企业创新能力的两个主要因子——工业企业的自身发展情况和创新活动开展情况，可以看出，经济发展是企业创新的一个重要因子，经济发展水平较高，企业创新能力就相对较强，经济发展水平较低，企业创新能力就相对较弱。

进而，用因子分析的定量分析方法对省内各市的工业企业创新能力进行综合评价和排名，所得的结论与河北省各市的经济发展水平相吻合，客观、可信、较有说服力，这同时也为河北省的发展规划提供了重要的依据。但是，本研究还存在一些不足之处，如评价指标体系还需要在适应市场环境的情况下不断完善等。

参考文献：

[1] GUAN J，MA N.Innovative capability and export performance of Chinese firm[J].Tech novation，2003，23(9)：737-747.

[2] BURGELMAN R A，CHRISTENSEN C M，WHEELWRIGHTS C.Strategic Management of Technology and Innovation[M].New York：McGraw Hill，2004.

[3] 缪根红，陈万明，朱雪春. 基于因子分析法的大中型工业企业技术创新能力评价 [J]. 技术经济，2013，7：42-46，95.

[4] 李文琴，王佳，李玲. 基于因子分析和聚类分析的技术创新能力研究——以陕西省为例 [J]. 技术与创新管理，2014，2：103-108.

[5] 李佳. 湖南省建筑业技术创新能力评价与提升对策研究 [D]. 湘潭：湖南科技大学，2012.

[6] 冯套柱，李小锋. 基于因子分析的陕西省科技创新能力评价 [J]. 技术与创新管理，2008，3：221-224，266.

[7] 明阳. 四川省科技创新能力评价研究 [D]. 成都：西南石油大学，2013.

[8] 梁晓霞. 山西省科技创新能力评价及提升研究 [D]. 太原：中北大学，2015.

[9] 李佳，张晨晖. 运用因子分析法评价我国 31 省市建筑业技术创新能力 [J]. 土木建筑与环境工程，2012，S2：150-154.

作者单位：河北大学经济学院

因子分析下的人工智能上市公司财务状况研究

要金迪

1956 年一个新的概念引爆全球，“人工智能”的提出，为计算机领域的快速发展带来了新的契机，众多研究者在此基础上对人工智能的概念进行不断扩展和延伸。1960 年后，首款人工智能电视正式上市，由此我们进入了人工智能时代。经历了人工智能领域的两次发展，近年来，该领域又不断推陈出新，指纹识别、虹膜识别等难题被一一攻克，同时人工智能产品走进寻常百姓家。人工智能正在逐步改变着人们的生活。正是基于这样的背景，许多公司看重人工智能领域的发展前途，认为人工智能产品将会在未来以不可比拟的作用影响人类生活。于是，公司看准时机，选择开发生产人工智能产品，把人工智能产品和生活、工作相结合，研发人工智能体系，并成功在我国股票市场上市。然而，人工智能产品不断发展，该领域的行业发展参差不齐，业绩好的企业年产值过亿，财务状况良好，而业绩较差的公司甚至需要不断填补资金缺口。所以，对于人工智能领域的上市公司财务状况进行统计研究，找到行业发展中的优势和不足，对于人工智能领域的发展具有重要意义。

一、综述

目前，针对公司财物发展情况和财务状况的预警研究开展较早，研究方法多样，主要包括单变量预警分析法、多变量预警分析法、综合判别分析法和人工神经网络等方法。随着研究方法的不断变化，财务情况的预测精度不断提高，研究成果愈发显著。例如，Altman、Varetto 和 Marco 利用人工神经网络进行相应研究，大大地提高了财务预警的精确度。刘际陆利用 Fisher 判别法构建了财务预警模型，针对沪、深两市 100 家公司进行分析，并将分析结果运用于浙江 110 家公司，对其财务状况进行分析。他提出上市公司陷入财务危机是有征兆的。

在我国进行上市公司财务状况研究的论文众多，虽然起步相对较晚，但是成果显著。其中，利用人工神经网络进行研究的学者包括侯俊、黄华；利用数据挖掘方法进行财务状况分析的学者包括何裕、孙磊平等。在研究方法上，还包括利用贝叶斯网络方法、资产负债表智能分析法等。

从研究行业分析，主要针对的是农业上市公司、工业企业、化工行业和电力行业等。而针对人工智能上市公司的相关研究目前暂时没有，本文抓住这一创新点，着重研究人工智能上市公司的财务状况。

二、人工智能上市公司相关概念

（一）人工智能概述

人工智能，英文缩写为 AI，主要是研究、开发用来进行模拟、延伸和扩张人的智能的方法、理论、技术等的一门新的技术科学。人工智能是计算机旗下的一个分支，主要用来研究智能的实质，同时构造出智能反应机器，该领域的研究成果中包含机器人、人工识别、图像识别、自然语言处理和专家系统等。人工智能是对于人的思维的模拟。通过大量人物研究，借助科学手段，研发智能机器代替手工劳作，极大提高生产效率和生活品质。

（二）人工智能上市公司概述

人工智能上市公司是在人工智能领域的“领头羊”，是专门针对人工智能产业和人工智能产品进行研发改造的上市公司。随着我国产业转型升级的不断强化，对于人工智能领域的产品需求逐步加大，例如对于机器人的需求量就稳步提升。相应的人工智能上市公司具备开发、生产人工智能产品的能力和条件，可以很好地面对科技创新带来的优势和劣势。

三、人工智能上市公司财务状况的实证分析

（一）指标选择

研究人工智能上市公司的财务发展情况，对于企业找准自我定位、了解行业发展情况、寻求良好发展途径具有现实意义。分析人工智能上市公司的财务状况，要重点关注企业的偿还债务能力、资金运营能力和盈利能力等。综合分析，结合《企业财务通则》，本文选择了 3 个层次的 7 个指标进行分析。具体的财务状况指标体系如表 1 所示。其中，由于某些指标不能直接通过公司发布的财务信息得到，需要根据相应公式进行计算。

表 1 公司财务状况指标体系

	指标	指标名称	单位	计算公式
债务偿还能力指标	X_1	流动比率	%	流动比率＝流动资产/流动负债
	X_2	速动比率	%	速动比率＝（流动资产－存货－待摊费用）/流动负债
	X_3	资产负债率	%	资产负债率＝负债总额/资产总额
企业资金运营能力指标	X_4	股东权益	%	股东权益＝（资本总额－负债总额）/资本总额
	X_5	销售毛利率	%	销售毛利率＝（销售净收入－产品成本）/销售净收入
企业盈利能力指标	X_6	营业利润率	%	营业利润率＝营业利润/全部业务收入
	X_7	加权净资产收益率	%	—

（二）样本选择

在构建了指标体系之后，要对样本进行选择。本文选择了 30 家具有人工智能概念的上市公司。选择这 30 家公司主要考虑到：第一，上市公司具有代表性。我国的上市公司在一定程度上反映了该行业企业的发展情况，并且从数据取得程度而言，每一季度上市公司会披露其财务信息，为我们搜集数据提供了便利；第二，我国 A 股上市公司的资料相对完整。和 B 股的上市公司不同，A 股上市公司有国内事务所审计，并且执行国内会计准则。考虑到两种制度下的上市公司之间不能混淆，因此本文选择了 A 股的上市公司。

为了更好地分析我国人工智能上市公司的财务状况，本文选择了 2016 年 9 月的 30 家公司的财务数据，建立了人工智能领域的财务状况评价体系，最终分析每个公司的综合得分进行比较。30 家公司数据如表 2 所示。

表 2 人工智能上市公司财务数据

	流动比率 %	速动比率 %	资产负债率 %	股东权益 %	销售毛利率 %	营业利润率 %	加权净资产收益率 %
川大智能	4.66	3.71	12.2	85.84	29.54	11.69	1.62
同花顺	2.47	2.47	35.46	64.52	90.58	70.75	32.49
和而泰	2.30	1.79	30.04	69.35	22.32	11.16	9.35
赛为智能	1.16	0.69	48.58	46.96	19.15	0.75	4.44
高乐股份	27.15	23.99	20.81	97.92	28.80	12.76	3.07
昆仑万维	0.67	0.67	48.19	51.59	52.55	28.17	17.27
千方科技	2.52	1.92	35.92	57.77	29.59	18.65	7.21
科大智能	2.37	1.94	24.53	75.28	39.25	17.75	8.09
汉王科技	5.12	4.25	12.17	86.20	49.16	2.52	2.00
佳都科技	2.60	1.46	33.57	64.64	14.49	−0.52	0.04

续表

	流动比率 %	速动比率 %	资产负债率 %	股东权益 %	销售毛利率 %	营业利润率 %	加权净资产收益率 %
奥飞娱乐	1.33	1.01	40.42	58.25	50.89	19.48	10.84
金自天正	1.49	0.68	54.17	44.07	22.13	4.04	2.04
思创医惠	1.71	1.25	40.56	58.54	42.67	14.31	7.59
科大讯飞	2.52	2.33	28.19	68.91	47.86	9.56	4.31
运达科技	4.79	3.95	18.90	81.15	49.45	18.37	6.25
慈星股份	8.36	6.64	7.73	91.58	38.87	13.76	3.11
紫光股份	1.82	1.47	24.99	65.99	17.61	3.10	3.68
四维图新	3.49	3.41	17.88	71.65	75.82	5.19	3.86
康力电梯	2.06	1.62	31.72	67.67	38.07	17.95	14.02
东方国信	3.52	3.24	17.82	80.35	44.70	17.31	4.16
东软集团	2.25	1.61	28.35	9.55	33.60	38.68	28.86
江南化工	2.29	2.17	20.15	70.77	47.97	11.25	2.14
高新兴	2.85	2.57	19.71	80.06	38.43	19.85	5.67
三丰智能	2.34	1.46	50.16	64.81	26.83	2.16	1.11
东方网力	1.76	1.53	45.06	50.34	56.27	8.86	5.51
神思电子	9.38	7.40	96.33	90.21	28.62	2.53	2.48
中科创达	2.62	2.56	35.68	63.90	48.30	13.92	9.70
中源协和	0.90	0.83	42.30	52.46	65.99	7.02	0.35
浙大网新	1.47	1.13	46.31	51.21	22.62	7.11	7.10
海康威视	2.97	2.57	40.71	58.87	41.55	20.89	23.69

数据来源：财达大智慧软件

（三）巴特利特（Bartlett）检验

为了对选定的数据进行因子分析，首先要判断是否可以进行因子分析。利用 Bartlett 检验进行相关性分析，得到结果如表 3 所示。

表 3 Bartlett 检验

Bartlett 的球形检验	近似卡方	231.986
	df	21
	sig.	0.0000

根据 Bartlett 的球形检验，得到近似卡方值为 231.986，对应的伴随概率的值为 0，严格小于显著性水平 0.05，由此判断数据之间存在相关关系，可以进行因子分析。

（四）基于因子分析的人工智能上市公司财务状况分析

通过相关性检验后，我们进一步利用统计软件 SPSS 对数据进行因子分析。从相关性检验的过程可知，我们选择的数据之间存在大量的信息重叠，所以要提取出主要的成分，替代其他次要成分，于是提取公因子方差，如表 4 所示。

表 4　提取公因子方差

	初始值	提取值
X_1	1.000	0.974
X_2	1.000	0.961
X_3	1.000	0.883
X_4	1.000	0.780
X_5	1.000	0.570
X_6	1.000	0.929
X_7	1.000	0.870

根据表 4 中的信息可以知道，本文选取的大部分的变量的提取程度高，大部分集中在 80%以上，表明这些变量的 80%以上的信息可以由所提取的公因子进行解释和表示；只有 X_4、X_5 的方差提取率低于 80%，即股东权益和销售毛利率中提取的信息较少，相对损失的有效信息较多。

表 5　提取总方差的数值

成分	初始特征值			提取平方和载入		
	合计	方差%	累积%	合计	方差%	累积%
1	2.796	39.948	39.948	2.796	39.948	39.948
2	2.126	30.377	70.325	2.126	30.377	67.844
3	1.044	14.918	85.243	1.044	14.918	85.243
4	0.620	8.859	94.102			
5	0.323	4.607	98.709			
6	0.089	1.275	99.984			
7	0.001	0.016	100.00			

根据表 5 中解释的总方差数据，提取特征根大于 1 的变量为主成分，最终提取了 3 个主成分，并且这环 3 个主成分的累积方差值达到了 85.243%，说明这 3 个主成分可以代表其他成分的 80%以上的信息。

从 SPSS 分析结果中看，成分矩阵数值相对集中，为了更加清晰地辨别变量之间的关系，使变量在 0、1 两端分化，对成分矩阵进行旋转。利用最大方差法进行旋转，在进行 4 次的迭代以后，所得结果如表 6 所示。

表 6　旋转后的成分矩阵

	成分		
	1	2	3
X_1	0.983	−0.082	0.009
X_2	0.979	−0.047	−0.170
X_3	−0.123	−0.058	0.930
X_4	0.755	−0.065	−0.453
X_5	−0.113	0.670	−0.331
X_6	0.025	0.962	−0.044
X_7	−0.101	0.908	0.190

从旋转后的成分矩阵可以得出结论：流动比率、速动比率、股东权益对第一主成分的因子载荷度很高，表示第一主成分可以很好地反映变量；营业利润率、加权净资产收益率对第二主成分的因子载荷较高，表示第二主成分可以很好地反映变量；资产负债率对第三主成分的因子载荷度较高，表示第三主成分可以很好地反映变量资产负债率。所以，利用 3 个主成分去替代 7 个变量。利用所得到的旋转后的成分矩阵，进一步计算成分得分矩阵。

表 7　成分得分矩阵

	成分		
	1	2	3
X_1	0.421	0.031	0.165
X_2	0.417	0.045	0.144
X_3	0.097	0.029	0.802
X_4	0.247	−0.010	−0.282
X_5	−0.057	0.280	−0.266
X_6	0.07	0.446	0.032
X_7	0.051	0.428	0.215

从表中的成分得分系数矩阵得到3个主成分 I_1、I_2、I_3 的线性方程：

$$I_1=0.421X_1+0.417X_2+0.097X_3+0.247X_4-0.057X_5+0.070X_6+0.051X_7$$

$$I_2=0.031X_1+0.045X_2+0.029X_3-0.010X_4+0.280X_5+0.446X_6+0.428X_7$$

$$I_3=0.165X_1+0.144X_2+0.802X_3-0.282X_4-0.266X_5+0.032X_6+0.215X_7$$

利用主成分方程，依次带入30家公司的财务数据，得到每一家人工智能上市公司的主成分分析法得分，比较不同公司的财务发展情况。

表8 主成分得分统计表

	第一主成分	第二主成分	第三主成分		第一主成分	第二主成分	第三主成分
川大智能	0.32461	−0.62062	−1.29934	慈星股份	0.99884	−0.28028	−1.49660
同花顺	0.06161	3.94656	0.11177	紫光股份	−0.41215	−0.99088	−0.26017
和而泰	−0.19033	−0.34028	0.03044	四维图新	−0.19695	0.04615	−1.46779
赛为智能	−0.76205	−0.96174	1.15993	康力电梯	−0.23598	0.38331	0.02586
高乐股份	4.54537	−0.15801	0.35970	东方国信	0.10874	−0.05684	−1.13535
昆仑万维	−0.61639	1.14184	0.92208	东软集团	0.00786	1.76272	0.34911
千方科技	−0.32866	−0.07163	0.39752	江南化工	−0.31343	−0.31606	−1.03031
科大智能	−0.12570	0.07052	−0.61573	高新兴	0.03344	−0.00418	−0.94475
汉王科技	0.31429	−0.57174	−1.58749	三丰智能	−0.29946	−0.96123	0.73630
佳都科技	−0.35222	−1.33127	0.13422	东方网力	−0.66178	−0.03510	0.45354
奥飞娱乐	−0.53102	0.48289	0.29583	神思电子	1.60481	−0.67969	2.81594
金自天正	−0.76200	−0.92003	1.38661	中科创达	−0.22099	0.21274	0.05482
思创医惠	−0.48831	0.01479	0.34561	中源协和	−0.85699	−0.22889	−0.06099
科大讯飞	−0.26038	−0.24005	−0.55132	浙大网新	−0.59192	−0.55836	1.02649
运达科技	0.31174	0.18197	−1.04926	海康威视	−0.10458	1.08340	0.89335

由于每个主成分的方差贡献率不同，首先根据公式 $F=w_1F_1+w_2F_2+w_3F_3$ 进行计算。其中，w_i 表示第 i 个主成分的方差贡献率，F_i 表示第 i 个主成分得分。根据上述公式，计算人工智能上市公司得分，得到下表。

表9 人工智能上市公司总得分及总排名情况统计表

	总得分 F	排名		总得分 F	排名
川大智能	−0.296430294	12	慈星股份	0.106299825	24
同花顺	1.454820153	29	紫光股份	−0.591787549	2

续表

	总得分 F	排名		总得分 F	排名
和而泰	－0.205129858	14	四维图新	－0.332723523	9
赛为智能	－0.496853861	3	康力电梯	0.030532223	23
高乐股份	2.136768715	30	东方国信	－0.167988392	15
昆仑万维	0.279409634	25	东软集团	0.692938537	27
千方科技	－0.109979832	19	江南化工	－0.439825215	6
科大智能	－0.141533471	18	高新兴	－0.151154878	17
汉王科技	－0.334275716	8	三丰智能	－0.354023068	7
佳都科技	－0.615982302	1	东方网力	－0.243270537	13
奥飞娱乐	－0.025002000	20	神思电子	1.002665318	28
金自天正	－0.442296486	5	中科创达	－0.018158685	21
思创医惠	－0.163085791	16	中源协和	－0.493857289	4
科大讯飞	－0.304051369	10	浙大网新	－0.296729867	11
运达科技	0.027312876	22	海康威视	0.493409139	26

四、结果分析

总得分排名前五位的人工智能上市公司依次为：佳都科技、紫光股份、赛为智能、中源协和和金自天正。在计算综合得分过程中，根据不同主成分的方差贡献率可以观察出每个层次的变量对于综合得分的作用。结合各主成分得分分析，佳都科技、紫光股份、赛维智能、中源协和和金自天正均在第三主成分得分最高，即公司盈利能力方面表现突出。由此可见在人工智能领域的上市公司中，盈利能力是公司发展的关键和法宝，是公司综合财务能力体现的重要标准。

人工智能上市公司财务状况综合排名后五位的公司依次是：海康威视、东软集团、神思电子、同花顺和高乐股份。高乐股份其第一主成分得分较高，表明其债务偿还能力良好，说明该公司资金供给方面不存在问题，但是由于其第二、第三主成分得分低，说明该公司的盈利能力和营运能力有限，从侧面反映了公司规模的局限性，综合考虑其总得分较低。同花顺、东软集团和海康威视 3 家公司在第二主成分得分最高，而其他两个主成分得分相对较低，说明这 3 家公司在企业营运能力方面表现较好，但是由于其盈利能力和债务偿还能力差，导致资金供应相对落后，从而影响其财务状况总得分。神思电子的第三主成分得分最高，但由于其第一、第二主成分得分不理想，最终导致总得分相对落后。

五、结论

无论是从2016年9月的人工智能领域上市公司财务状况的总体得分来看，还是从每个公司的不同方面的表现来看，我国人工智能领域的上市公司之间发展不均衡。总体来看，公司盈利能力是影响财务状况的重要条件，只有尽可能地获得更多的主营业务收入，才能够维持资金稳定，用于不断开发、研发新产品。对于人工智能领域而言，要依托于国家政策，积极开发创新人工智能产品，不断进行产业升级，优化产品服务，走多元发展道路，提高公司竞争力，使得人工智能产业不断持续优化发展。

参考文献：

［1］ Altman E I, Marco G, Varetto F. Corporate distress diagnosis comparison using linear discriminate analysis and neural networks[J]. Journal of Banking and Financial, 1994, 18(1): 505-529.

［2］ 刘际陆. 基于Fisher判别分析法构建财务预警模型——浙江省上市公司财务状况测评［J］. 财会月刊，2011，29：17-18.

［3］ 侯俊. 基于人工神经网络的企业财务危机预警实证研究［D］. 成都：电子科技大学，2011.

［4］ 黄华. 人工神经网络在中小企业财务分析中的应用［D］. 重庆：西南大学，2009.

［5］ 何裕. 基于数据挖掘组合模型的股价预测研究［D］. 成都：西南财经大学，2014.

［6］ 孙磊平. 数据挖掘方法在股票分析中的应用与研究［D］. 成都：西南财经大学，2013.

［7］ 王翠霞. 基于贝叶斯网络方法的上市公司财务预警模型［D］. 沈阳：沈阳工业大学，2006.

［8］ 张占军. 资产负债表智能分析系统的研究与实现［D］. 保定：华北电力大学（河北），2008.

［9］ 吕璠，李竹梅. 基于因子分析的农业上市公司经营绩效实证分析［J］. 经济师，2013，5：84-86.

［10］ 彭源波. 基于因子分析法的我国农业上市公司经营绩效评价［J］. 生产力研究，2012，1：82-84，175.

［11］ 陈芳，伍淑振. 咸宁市规模以上工业企业财务状况评价——以第二次经济普查数据为例［J］. 咸宁学院学报，2010，12：65-66.

［12］ 钟梦怡. 我国化工行业上市公司财务预警分析研究［D］. 广州：华南理工大学，2014.

作者单位：河北大学经济学院

河北省居民消费对财政支出影响研究

——基于2005～2014年截面数据的空间计量分析

刘洁琼

一、引言

步入21世纪以来，中国经济得到了迅速的发展，政府支出为提高人民的生活水平提供了物质保障。我国目前处于经济增长放缓的时期，如何有效处理政府财政支出与经济增长之间的关系成了至关重要的问题。河北省是财政支出大省，2015年政府支出达到5 675.3亿元，较2014年增长22.4%，但是河北省财政支出结构不合理，地方政府支出分配效率等问题越来越突显，所以需要我们进一步对居民消费与政府财政支出关系进行深入研究。

目前，关于居民消费对财政支出的影响作用方面，学界进行研究的尚少，大部分研究主要关注了财政支出对于居民消费的正向促进作用，如刘淼（2014）主要研究了地方政府财政支出对于居民消费需求的影响，主要对地方政府的财政收入进行了统计性、描述性分析，认为政府财政支出促进居民消费总量增加；刘洁（2014）从效率和公平的角度分析了我国地方民生财政支出对于居民消费的作用，认为财政支出对于居民消费存在替代和促进作用；陈文婷（2016）从民生性角度出发，通过面板模型进行实证分析，得出增加财政支出规模可以增加居民消费，进而促进经济的发展。近年来，众多学者又将研究的重点转向如何优化财政支出结构，如宫晓霞（2011）以改善民生为出发点探讨了财政支出结构的优化路径；朱稳根、李文军（2013）研究我国财政支出结构的演变历程，并提出应建设公共服务型政府，提高财政支出的合理性。学者们过多研究财政支出对于其他经济因素的影响作用，而忽略了居民消费、投资等经济因素对财政支出也具有反作用，在一定程度上可以影响政府对于财政支出政策的决定，所以本文创新性研究居民消费对于政府财政支出的影响作用。

在研究财政支出相关计量方法上，学者大多数采用面板单位根检验、协整检验等传统的计量经济方法，而忽略了地区间政府财政支出是具有空间溢出效应的。纪江明、胡伟（2012）采用异质性面板协整模型进行分析，得出政府的财政支出增加有利于缩小城乡间居民消费支出的差距。杨晓峰（2016）采用内生联立分布滞后模型对地方财政支出与产业结构优化动态关系进行研究，得出产业结构优化对地方财政支出具有正向的作用。本文通过研究注意到河北省 11 个地级市的政府财政支出具有很强的正向空间自相关性，现有的研究大多忽略了区域性政府财政支出空间相关性这一重要方面，导致最终研究结果仅仅局限在如何增加各市政府财政支出，而缺乏对区域间各级政府财政支出政策相互协调、共同发展的研究，所以本文采用空间计量方法对相关数据实证分析。

综上所述，本文在总结已有的研究成果基础上，采用空间计量方法对河北省 11 个地级市 10 年间的截面数据进行分析具有很强的创新性。为了更加准确反映居民消费、投资水平、经济发展等因素与政府财政支出间的相互关系，促进区域间财政支出政策的协调性，从空间的角度研究居民消费等经济因素对于政府财政支出的反作用，对政府优化政府财政支出结构、制定财政支出政策具有很强的现实意义。

二、模型建立

（一）数据与变量

本文主要选取 2005～2014 年河北省 11 个地级市的面板数据，主要样本城市包括石家庄市、张家口市、承德市、秦皇岛市、廊坊市、保定市、沧州市、唐山市、衡水市、邢台市、邯郸市。数据主要来源于《河北省经济年鉴》，通过 Stata11.0 软件及相关软件包进行空间计量分析。

表 1　主要变量说明

变量名称	符号	指标说明
财政支出情况	*gov*	各城市政府人均财政支出
地区消费水平	*cons*	各城市人均消费支出
地区投资水平	*inves*	各城市人均投资额
对外开放情况	*fdi*	各城市外商直接投资额
经济发展水平	*gdp*	各城市人均地区生产总值

表 1 主要对本文所选取的变量进行说明，被解释变量为 *gov*，即各城市政府财政支出情况，解释变量选 *cons*，表示各城市人均消费支出，人们的消费水平可以反映人民的生活

状况，进而进一步对政府的财政支出政策及数额产生影响。引入 3 个控制变量 gdp，即通过各城市人均地区生产总值对当地的经济发展情况进行表示。$inves$ 表示各城市人均投资额，反映的是各个城市的投资水平，城市投资能力强代表其资金充裕，所以投资水平对城市的财政支出产生影响。fdi 代表的对外开放的程度，用外商直接投资额表示，外商对城市投资多，增加政府的财政资金，相应的对政府财政支出产生影响。

（二）空间自相关性分析

“空间自相关”是指位置相近的区域具有相似的变量取值。空间自相关有正向相关和负向相关两种，正向空间自相关是指高值与高值或者低值与低值集聚在一起，而负向空间自相关则表示高值与低值相邻。在进行模型的选择之前进行空间自相关性分析，如果数据间存在空间自相关则采用空间计量方法。考察数据间是否存在空间自相关的重要指标即“莫兰指数 I”（Moran's I）（Moran，1950）：

$$I=\frac{S^2\sum_{i=1}^{n}\sum_{j=1}^{n}w_{ij}\ (x_i-\overline{x})\ (x_j-\overline{x})}{S^2\sum_{i=1}^{n}\sum_{j=1}^{n}w_{ij}} \tag{1}$$

式（1）中，$S^2=\frac{\sum_{i=1}^{n}\ (x_i-\overline{x})^2}{n}$为样本方差；其中 $\overline{x}=\frac{1}{n}\sum_{i=1}^{n}x_i$；$w_{ij}$ 为空间权重矩阵的（i，j）元素，可以表示地区 i 与地区 j 之间的空间关系。莫兰指数 I 的取值一般介于－1至 1 之间，如果 $0<I\leqslant 1$，则表示区域间为正向的影响，如果 $-1\leqslant I<0$，则表示区域间存在负向的影响，莫兰指数的值在 0 附近，表示区域间的影响是随机分布的，并且区域间不存在空间相关。为了确定是否使用空间计量模型，本文对河北省 11 个地级市进行 Moran I 指数显著性检验（表 2）。

表 2　2005～2014 年河北省 11 个地级市政府财政支出 Moran I 指数

	2005 年	2006 年	2007 年	2008 年	2009 年	2010 年	2011 年	2012 年	2013 年	2014 年
Moran's I	0.604	0.710	0.618	0.685	0.615	0.634	0.599	0.622	0.549	0.373
Z 值 3.243	3.678	3.224	3.566	3.173	3.247	3.095	3.201	2.902	2.124	—
P-value 0.001	0.000	0.001	0.000	0.002	0.001	0.002	0.001	0.004	0.034	—

Moran I 分为全局性和局部性莫兰指数检验，本文采用全局性莫兰指数检验，回归结果发现，2005 年至 2014 年间，河北省 11 个地级市政府财政支出均为正，Z 值均大于 1.96，通过了 5%水平上的显著性检验，说明河北省各市的政府财政支出具有正向的空间自相关，这表明城市间的政府财政支出具有正向的相互影响，区域内政府财政支出增加，会带动周边城市政府支出增加，财政政策会对周边城市的政策决议起到“示范效应”，带动

城市各要素在城市间流动。

（三）空间计量模型

通过上文的分析，河北省 11 个地级市政府财政支出间存在正向的空间相关性，所以可以采用空间计量模型分析经济发展与政府财政支出间的互动关系。

1. 空间自回归模型

空间自回归模型（SAR），又称为空间滞后模型（SLM），公式为 $y=\lambda Wy+\beta X+\varepsilon$，其中，$W$ 为已知的空间权重矩阵，参数 λ 度量的是空间滞后 Wy 对 y 的影响，称为“空间自回归系数”的 X 包括解释变量、空间变量的矩阵，β 表示相应的系数，带入本文的相应变量，则公式可以表示为：

$$gov=c+\lambda w_{gov}+\beta_1 cons+\beta_2 inves+\beta_3 fdi+\beta_4 gdp+\varepsilon \tag{2}$$

2. 空间误差模型

空间误差模型（SEM），公式为 $y=X\beta+\mu$，$\mu=\rho M\mu+\varepsilon$，其中 M 为空间权重矩阵，ρ 为空间自回归系数，ε 为误差向量，将本文的相关变量带入公式：

$$\begin{cases} gov=c+\beta_1 cons+\beta_2 inves+\beta_3 fdi+\beta_4 gdp+\mu \\ \mu=\rho M\mu+\varepsilon \end{cases} \tag{3}$$

（四）历年模型确定

河北省 11 个地级市的政府财政支出具有正向空间相关性，以此为基础，进行历年空间计量模型的确定。本文通过 Stata 软件首先对 2005～2014 年数据进行最小二乘法回归（OLS），并输出 AIC，但是由于具有空间效应，则 OLS 具有偏差。所以又分别对各年数据进行空间自回归模型（SAR）和空间误差模型（SEM）分析，并输出 AIC，空间自回归系数（rho）以及空间误差系数（lambda）如表 3 所示，结果表明 2005 年至 2014 年空间自回归系数均在(－1.350,1.000）范围内，在 1%水平上显著，所以存在空间自回归效应。对空间自回归系数的似然比检验与拉格朗日检验结果显著，均拒绝 rho＝0 的原假设，故可以使用 SAR 模型。在进行空间误差模型估计的时候，空间误差系数均在（－1.350，1.000）范围内，在 1%水平上显著，对于 lamda 的似然比检验与拉格朗日检验结果显著，均拒绝 lamda＝0 的原假设，所以可以使用 SEM 模型。

通过以上分析，本文数据分析既可以选择空间自回归模型也可以选择空间误差模型，通过 AIC 判定使用哪个模型。AIC 又称赤池信息量准则，是衡量统计模型拟合优良性的一种标准，AIC 越小，则代表模型越优，说明模型用较少的参数获得了足够的拟合度。表 4 是 2005 年至 2014 年河北省 11 个地级市相关数据进行 OLS、SAR、SEM 模型估计的 AIC 值，通过结果分析可以表明，只有 2008 年 SEM 模型的 AIC 值高于 OLS 模型的 AIC 值，故 2008 年选择 OLS 模型更优；其余各年 SEM 模型的 AIC 值均低于 OLS 模型 AIC 值，说明选择SEM模型更合适。

表3　2005～2014年截面数据SAR模型rho估计值与SEM模型lamda估计值

	2005年	2006年	2007年	2008年	2009年	2010年	2011年	2012年	2013年	2014年
rho	0.006	−0.003	−0.028	0.036	0.036	0.023	0.038	0.034	0.062	−0.008
lambda	0.367	0.393	0.294	0.022	0.394	0.354	0.354	0.370	0.470	0.366

表4　2005～2014年截面数据OLS、SAR、SEM模型AIC值

	2005年	2006年	2007年	2008年	2009年	2010年	2011年	2012年	2013年	2014年
OLS	159.9	164.6	171.3	167.7	180.1	184.3	188.7	190.4	187.5	189.9
SAR	163.9	168.6	175.2	171.2	183.9	188.2	192.4	194.0	189.8	193.8
SEM	152.2	147.1	163.9	170.9	167.2	172.5	177.6	177.9	169.7	185.4

根据表4历年AIC结果得到2005～2014年间数据适合的模型，如表5所示。

表5　2005～2014年数据适合的模型

	2005年	2006年	2007年	2008年	2009年	2010年	2011年	2012年	2013年	2014年
适用模型	SEM	SEM	SEM	OLS	SEM	SEM	SEM	SEM	SEM	SEM

三、结果与分析

通过表5总结了历年适用的模型，除2008年OLS模型拟合程度较优外，其余各年SEM模型均表现较优的拟合程度。对2005～2014年截面数据通过适用的模型进行分析，得到表6所示历年截面数据回归系数结果。

表6　2005～2014年截面数据回归系数结果

	2005年	2006年	2007年	2008年	2009年	2010年	2011年	2012年	2013年	2014年
cons	0.103	0.110	0.245	0.974	0.293	0.424	0.389	0.389	0.331	0.564
inves	—	0.052	—	—	0.034	−0.001	0.056	0.056	0.054	−0.024
fdi	—	−0.094	−0.084	−0.226	−0.110	−0.119	−0.113	−0.113	−0.118	−0.160
gdp	0.012	0.015	—	—	—	—	—	—	—	—
constant	—	96.95	—	−5.552	—	—	—	—	—	—

注："—"表示有数值但未在5%的水平下通过显著性检验，其中2008年为OLS模型，其余各年为SEM模型参数

如表6所示，河北省居民消费对财政支出推动作用明显。2005年至2014年间河北省居民消费对于财政支出的系数均为正，并且通过5%水平的显著性检验，说明居民消费支出增加可以带动政府财政支出增加。2005年至2008年间居民消费对政府财政支出的正向效应逐年增加，至2008年弹性系数升至0.974，由于2008年处于全球金融危机时期，全球整体经济处于疲软时期，中国政府通过刺激居民消费，增加政府财政支出对中国的经济进行宏观调控，河北省在中央的政策指引下也加大了财政支出的力度。2008年以后，经济危机过后，全球经济开始复苏，居民消费对于财政政策的影响程度下降，2014年以来，中国经济增长速度放缓，各级政府又开始利用宏观调控政策加大财政支出的投入，通过不断刺激居民消费，带动河北省经济的迅速发展。

在控制变量方面，政府投资在2005年、2007年以及2008年对政府财政支出的作用不明显，2010年以及2014年对政府财政支出起着负向的效益，而其余各年均对政府的财政支出起着正向的促进作用。经济发展水平对于政府的财政支出起着正效应的影响，但在2007以后，这种正效应影响不明显。

在空间误差自回归系数方面，表3已经列出，其中lambda在2005～2014年始终处于合理的范围内，通过了1%的显著性检验，说明在河北省区域内，相邻地级市之间政府财政支出具有正向的空间溢出效应，某一城市增加政府财政支出会影响相邻城市增加财政支出，但其作用程度与居民消费对政府财政支出的带动作用相比略小。

四、结论与建议

本文利用2005～2014年河北省11个地级市截面数据，构建空间误差模型，研究居民消费、政府投资、经济发展等因素对政府财政支出的直接效应，通过实证分析，本文主要得出以下结论：

（1）通过Moran *I* 指数分析结果显示，河北省11个地级市之间政府财政支出具有明显的正向空间相关效应。通过AIC的比较发现，空间计量模型具有更优的拟合程度，所以采取空间误差模型对本文数据进行分析是合理的。

（2）城市居民消费对政府财政支出具有正向的促进作用，这种作用在2008年达到最大，之后逐年降低，但在2014年以来又呈现出增长的趋势。

（3）经济增长对于财政支出的作用在2005年以及2006年呈现正向作用，但随着经济的快速发展，人民生活水平的不断提升，这种推动作用在近些年不明显。

（4）投资对政府财政支出的作用具有明显的波动性，外商直接投资对于政府财政支出具有负向的作用，城市的政府投资在大部分年份里对政府财政支出具有明显的正向作用。

根据以上的研究结果，在进一步扩大居民消费对政府财政支出的推动作用的前提下，优化政府财政支出结构等方面提出建议。

第一，增加服务型消费方式。政府财政支出大部分用于居民公益性支出，所以增加服务型消费方式十分重要。我国目前已经逐步进入老龄化社会，而老年人消费潜力巨大，所以可以针对老年人群体制定相应的休闲娱乐消费方式。同时可以以提升生活质量、提升品位为主体的高端消费模式吸引青年人进行消费。居民消费增加促使经济繁荣，从而使得政府能够进一步增加公共支出。

第二，完善政府税收体制，促使政府财政支出均等化。要想进一步优化政府财政支出的结构，必须建立公平、公正的税收优化体系，并且能够将政府财政支出平等地分配给各个地区。所以可以加大对贫困地区的财政支出，减少发达地区的政府财政支出，使得财政支出能够真正用到人民该用的地方，从而进一步提高人民的生活水平。

第三，引导不同区域的政府财政支出协同效应。河北省各市之间政府支出具有空间溢出效应，这给优化政府支出结构带来了新的创新点。经济发达的城市可以率先进行政府财政支出结构的转型，带动经济欠发达地区进行政府财政支出结构的转型与发展，从而实现财政支出与居民消费、经济发展等因素间的协调发展，共同为人民的幸福生活谋福利。

参考文献：

[1] 刘淼. 地方政府财政支出对居民消费需求的影响研究 [D]. 重庆：重庆大学，2014.

[2] 刘洁. 我国地方民生财政支出对城镇居民消费的影响效应研究 [D]. 呼和浩特：内蒙古财经大学，2014.

[3] 陈文婷. 安徽省财政民生性支出对居民消费效应的实证分析 [D]. 蚌埠：安徽财经大学，2016.

[4] 宫晓霞. 财政支出结构的优化路径：以改善民生为基调 [J]. 改革，2011，6：102-108.

[5] 朱稳根，李文军. 我国财政支出结构的演进与优化对策 [J]. 经济纵横，2013，3：41-44.

[6] 纪江明. 中国民生性财政支出对城乡居民消费差距影响的实证研究——基于1995～2009年省级面板数据的协整分析 [J]. 经济与管理研究，2012，10：13-23.

[7] 杨晓锋. 地方财政支出与产业结构优化的动态关联研究——基于1999～2013年中国省际面板数据模型的分析 [J]. 财贸研究，2016，2：112-119.

[8] 陈强. 高级计量经济学及Stata应用 [M]. 北京：高等教育出版社，2014.

[9] 孙敬水. 计量经济学学习指导与Eviews应用指南 [M]. 北京：清华大学出版社，2010.

[10] 周慧. 中部地区城镇化对经济增长的空间溢出效应——基于地级市面板数据分析 [J]. 经济问题探索，2016，4：79-87.

[11] 朱越浦，黄新建，樊晗露. 我国金融业发展对城镇化作用的演变——基于2003～2012年截面数据的空间计量分析 [J]. 江西财经大学学报，2015，5：80-87.

[12] 姜茜. 我国地方财政民生性支出对城乡居民消费的影响效应 [D]. 济南：山东大学，2011.

作者单位：河北大学经济学院

空间探索

“新丝绸之路经济带”沿线城市的功能定位研究

李召霞　任　宁

一、引言

古有丝绸之路，自汉代张骞出使西域开始，就成为连接东西、沟通亚欧的重要纽带，但是由于交通设施欠发达等原因，一直发展缓慢。近年来“新丝绸之路经济带”规划的出现改变了这一历史。“新丝绸之路经济带”将范围扩大到西北地区的陕西、甘肃、青海、宁夏、新疆和西南的重庆、四川、云南、广西以及部分中部省市，并且在其发展的推动下，中西部地区的发展潜力已被激活，区域经济发展不平衡的情况在一定程度上得到了改善，西部地区的开发速度正在逐步加快。但是距离实现西部大开发的目标，和形成内外联动、横贯东中西部、带动全国的新经济带的设想，仍有一定差距。

目前涉及“新丝绸之路经济带”的研究主要围绕国土空间开发、地缘政治经济战略重构为主，鲜有以各城市功能定位为基础的区域经济研究。本文选取了经济带中主要的10个节点城市，通过分析它们的经济发展水平、工业发展水平、物流发展水平、科技创新能力以及教育发展水平，来评价各城市的综合实力，判断并衡量各节点城市的优势与短板，从而优化城市布局，针对各节点城市的经济辐射能力的提升，以实现缩小地区间的发展差异，从而达到推动中西部互动互助的目的，最终形成一个协调有序、共同发展的大经济带。

二、城市综合实力评价指标体系构建

本文选择因子分析法来计算“新丝绸之路经济带”上的10个节点城市的综合实力得

分。因子分析是一种对数据进行降维和简化的技术，通过研究变量间的关系，将多个关系复杂的变量归纳为少数公共因子，归为不同公共因子的变量相关度很小，远低于同一因子内的变量相关度。当各个公共因子对变量的提取度较高时，说明公共因子能反映原观测值的大部分信息，达到浓缩数据的目的，便于突出问题的本质和核心。

城市综合实力是一个城市整合自身的各方面资源，参与区域资源分配竞争的能力，包含经济发展实力、工业发展实力在内的多个方面。所以本文根据经济发展水平、工业发展水平、物流发展水平、科研创新能力、教育发展水平五大方面，挑选指标，初步建立了指标体系。由于本文的评价对象是“新丝绸之路经济带”上的10个节点城市，所以综合考虑不同地区的社会发展现状和特点，对指标体系进行二次筛选。指标体系见表1。

表1 城市综合实力评价指标体系

一级指标	二级指标	变量	指标说明
经济发展水平	人均地区生产总值/元·人$^{-1}$	X_1	经济实力的代表性指标
	人均社会消费品零售额/元·人$^{-1}$	X_2	消费需求水平的直观体现
	人均公共财政收入/元·人$^{-1}$	X_3	影响经济增长和社会发展
	当年实际利用外资金额/万美元	X_4	加快经济发展的催化剂
工业发展水平	规模以上工业企业数/个	X_5	代表工业的兴盛程度
	工业企业总产值（当年价格）/万元	X_6	代表工业的发达程度
	工业企业产值利润率/%	X_7	工业企业利润与总产值的比值
	规模以上工业企业固定资产/万元	X_8	工业企业发展的主要动力之一
物流发展水平	邮电总收入/万元	X_9	邮政与电信行业发展水平的体现
	铁路旅客客运量/万人	X_{10}	铁路客运服务发展水平的体现
	铁路货物运输量/万吨	X_{11}	铁路货运服务发展水平的体现
	铁路客运量占总客运量比重/%	X_{12}	铁路交通的发达程度
	公路客运量占总客运量比重/%	X_{13}	公路交通的发达程度
科研创新能力	研究与实验发展内部经费支出/万元	X_{14}	代表该地区的科技软实力和核心竞争力
	专利申请量/件	X_{15}	代表科研创新的发展水平
	专利授权量/件	X_{16}	代表自主创新的能力
教育发展水平	教育支出占公共财政支出比重/%	X_{17}	代表教育行业的发展水平
	每万人中在校大学生数/人	X_{18}	代表教育的普及与发达程度
	普通高等学校生师比	X_{19}	普通高等学校在校生数与专任教师数之比
	小学生师比	X_{20}	小学在校生数与专任教师数之比

为了使各城市的优、劣势对比更加明显，本研究在选取指标时，多以相对指标为主。

三、城市综合实力评价

（一）数据来源与预处理

本文选取“新丝绸之路经济带”上的 10 个节点城市的相关指标数据，经整理和计算，建立数据矩阵。数据来源于《2015 年中国城市统计年鉴》，并参考了各城市的 2015 年统计年鉴和 2014 年国民经济和社会发展统计公报，最终将数据导入 SPSS 统计软件中，进行分析。

为了避免因量纲的存在而导致分析结论出现偏差，首先对原始数据进行标准化处理，以 X_i 表示影响城市综合实力的指标，$i=1，2，\cdots，20$。

（二）相关性判断

首先，由各指标的相关矩阵（如表 2 所示）可知大部分变量之间的相关系数的绝对值在 0.3 以上，说明存在较强的相关性，可以通过线性变换，将原本的指标组合为相互独立的少数几个公共因子，达到对数据进行降维的目的，以便于分析。

表 2　相关矩阵

	X_1	X_2	X_3	X_4	X_5	X_6	X_7	X_8	X_9	X_{10}	X_{11}	X_{12}	X_{13}	X_{14}	X_{15}	X_{16}	X_{17}	X_{18}	X_{19}	X_{20}
X_1	1.0																			
X_2	0.9	1.0																		
X_3	0.8	0.9	1.0																	
X_4	0.1	0.2	0.4	1.0																
X_5	0.0	−0.1	0.3	0.9	1.0															
X_6	0.2	0.1	0.5	0.9	1.0	1.0														
X_7	0.4	0.2	0.5	0.6	0.6	0.7	1.0													
X_8	0.1	0.1	0.4	0.9	1.0	1.0	0.6	1.0												
X_9	0.1	0.2	0.4	0.9	0.8	0.8	0.7	0.8	1.0											
X_{10}	0.5	0.6	0.8	0.5	0.3	0.5	0.2	0.5	0.4	1.0										
X_{11}	0.4	0.5	0.7	0.3	0.2	0.4	0.1	0.4	0.3	0.9	1.0									
X_{12}	0.5	0.6	0.6	−0.1	−0.3	−0.1	−0.1	−0.1	−0.1	0.7	0.7	1.0								
X_{13}	−0.4	−0.5	−0.5	0.2	0.5	0.3	0.2	0.3	0.2	−0.6	−0.5	−1.0	1.0							
X_{14}	−0.1	0.2	0.3	0.6	0.4	0.4	0.4	0.5	0.6	0.4	0.3	−0.2	0.2	1.0						
X_{15}	0.0	0.2	0.3	0.8	0.7	0.6	0.5	0.7	0.9	0.3	0.1	−0.3	0.3	0.8	1.0					
X_{16}	0.1	0.3	0.4	0.9	0.7	0.7	0.6	0.8	0.9	0.4	0.2	−0.2	0.3	0.7	1.0	1.0				
X_{17}	−0.2	−0.4	−0.6	−0.5	−0.4	−0.4	−0.2	−0.5	−0.6	−0.6	−0.6	−0.2	0.0	−0.6	−0.5	−0.6	1.0			
X_{18}	0.5	0.6	0.4	−0.3	−0.5	−0.3	0.0	−0.4	−0.3	0.4	0.3	0.6	−0.7	−0.1	−0.3	−0.3	0.3	1.0		
X_{19}	−0.4	−0.4	−0.5	−0.4	−0.3	−0.3	−0.6	−0.3	−0.5	−0.3	−0.2	−0.2	0.1	−0.3	−0.4	−0.4	0.7	0.2	1.0	
X_{20}	−0.1	−0.2	−0.2	−0.4	−0.3	−0.4	−0.2	−0.3	−0.4	−0.4	−0.3	0.0	0.0	−0.5	−0.4	−0.4	−0.1	−0.4	−0.5	1.0

其次，观察变量共同度矩阵（如表3所示），共同度代表公共因子对所有原始变量信息的提取程度。表中，最低的提取度为0.841，大部分提取度在0.9以上，表明原始变量的绝大部分信息已被提取完毕。

表3 共同度

指标	初始值	提取值
X_1	1.000	0.923
X_2	1.000	0.868
X_3	1.000	0.972
X_4	1.000	0.896
X_5	1.000	0.994
X_6	1.000	0.985
X_7	1.000	0.863
X_8	1.000	0.990
X_9	1.000	0.899
X_{10}	1.000	0.981
X_{11}	1.000	0.954
X_{12}	1.000	0.911
X_{13}	1.000	0.841
X_{14}	1.000	0.876
X_{15}	1.000	0.980
X_{16}	1.000	0.939
X_{17}	1.000	0.939
X_{18}	1.000	0.921
X_{19}	1.000	0.964
X_{20}	1.000	0.985

（三）主因子的确定

观察方差解释及特征值表是更准确判断主因子个数的方法。由表4可知，共有5个因子的特征根大于1，应提取相应的公因子。同时可以看出，第一个主因子的特征值为8.738，大约占去解释总方差的29.114%，前5个主因子累积贡献率高达93.409%，说明前5个主因子在极大程度上解释概括了原始变量的信息，适宜选作城市综合实力评价指标的代表。

表 4 方差解释及特征值表（部分）

	初始特征值			提取载荷			旋转载荷		
	合计	方差/%	累积/%	合计	方差/%	累积/%	合计	方差/%	累积/%
1	8.738	43.688	43.688	8.738	43.688	43.688	5.823	29.114	29.114
2	5.302	26.512	70.200	5.302	26.512	70.200	4.387	21.933	51.047
3	1.968	9.840	80.040	1.968	9.840	80.040	3.569	17.845	68.892
4	1.472	7.358	87.398	1.472	7.358	87.398	2.849	14.245	83.137
5	1.202	6.011	93.409	1.202	6.011	93.409	2.054	10.272	93.409

为了使主因子落在各个指标上的因子载荷具有更强的辨识度，运用统计软件对原始数据进行旋转迭代分析。本文选用最大方差法，最终得到明显分化的因子载荷矩阵（见表5），如此做法，更易于对主因子进行归类和解释命名。

表 5 旋转后的主因子载荷矩阵

	1	2	3	4	5
X_5	0.970	−0.085	0.215	0.007	0.002
X_6	0.961	0.113	0.184	0.121	−0.001
X_8	0.931	0.147	0.304	−0.063	−0.062
X_4	0.813	0.099	0.464	0.084	−0.050
X_9	0.705	0.064	0.604	0.142	−0.119
X_{11}	0.288	0.925	0.114	0.033	0.015
X_{10}	0.299	0.880	0.271	0.205	0.029
X_{12}	−0.177	0.872	−0.190	0.285	−0.040
X_{13}	0.379	−0.786	0.148	−0.239	−0.019
X_{14}	0.246	0.083	0.897	0.001	0.054
X_{15}	0.529	−0.102	0.827	0.056	−0.044
X_{16}	0.602	−0.006	0.739	0.168	−0.049
X_1	0.088	0.360	−0.112	0.879	−0.031
X_2	−0.075	0.527	0.244	0.723	−0.055
X_3	0.272	0.642	0.193	0.657	−0.132
X_7	0.615	−0.186	0.197	0.631	−0.116
X_{18}	−0.456	0.452	−0.053	0.535	0.469
X_{20}	−0.266	−0.182	−0.393	−0.124	−0.844
X_{19}	−0.225	−0.119	−0.261	−0.405	0.817
X_{17}	−0.296	−0.444	−0.513	0.022	0.625

提取方法：主成分分析

（四）主因子解释

第一个主因子在 X_4、X_5、X_6、X_8、X_9 上据有较大载荷，即涵盖了当年实际利用外资金额、规模以上工业企业数、工业企业总产值、规模以上工业企业固定资产和邮电总收入等指标的大部分信息。因为中西部地区，工业是支柱产业，所以外国投资大部分投入工业行业，而且，快递等业务也多发生在工业产品相关领域内，所以第一个主因子可以命名为工业发展水平，方差贡献率高达 29.114%。

第二个主因子在 X_{10}、X_{11}、X_{12}、X_{13} 上载荷较大，即概括了铁路旅客客运量、铁路货物运输量、铁路客运量占总客运量比重和公路客运量占总客运量比重等指标的大部分信息。中西部地区的水上运输和空中运输尚不发达，铁路与公路的运输情况基本代表了该地区的物流发展情况。所以将第二个主因子命名为物流发展水平，方差贡献率达到 21.933%。

第三个主因子在 X_{14}、X_{15}、X_{16} 上占据较大载荷，故包含了研究与实验发展内部经费支出、专利申请量和专利授权量等指标的绝大部分信息。科研创新代表地区竞争实力中的文化软实力，而未来经济发展的大趋势是以文化软实力支撑经济硬发展。所以第三个主因子命名为科研创新能力，方差贡献率达 17.845%。

第四个主因子在 X_1、X_2、X_3、X_7、X_{18} 上占据较大载荷，即包含了人均地区生产总值、人均社会消费品零售额、人均公共财政收入、工业企业产值利润率和每万人中在校大学生数等指标的大部分信息。工业企业产值利润率是该企业在某时期的利润总额与总产值之比，反映了企业的增产增收水平。每万人口中大学生的数量，代表了社会中高新技术人才的数量，是地区经济可持续发展的主要动力。所以第四个主因子命名为经济发展水平，方差贡献率为 14.245%。

第五个主因子在 X_{17}、X_{19}、X_{20} 上占据较大载荷，即囊括了教育支出占公共财政支出比重、普通高等学校生师比、小学生师比等指标的大部分信息。教育支出在公共财政支出中占据的比重，代表政府对教育的投入程度，该比值越大，说明城市的教育水平越高，有望培育出更多的高端人才，有利于提高区域竞争力和国际竞争力。而普通高校和小学的在校生与专任教师的数量比，则直观代表了教师资源的充裕程度，这直接影响了该地区的教育实力。所以将第五个主因子命名为教育发展水平，方差贡献率为 10.272%。

（五）主因子得分的计算

本文借助 SPSS 软件，实现回归法对因子得分系数的估计。再借由得分系数矩阵，对各变量进行线性组合，用以代表各公因子，各公因子的得分函数为：

$$F_i = \sum a_{ij} \times k_i \tag{1}$$

F_i 表示第 i 个主因子的得分，a_{ij} 为第 j 个变量在第 i 个主因子的系数。再将 F_i 代入公式(2)中，计算每一个样本的综合得分。在计算时，每个主因子的权重为 A_i，通过该因子的旋转贡献率与前五个公因子的累积贡献率作比，计算得到综合得分。

$$F=\sum A_i \times F_i \tag{2}$$

由公式计算出最终得分，数值的大小直接反映出10个节点城市综合实力的强弱，如表7所示。

表6　城市综合实力评价各主因子及综合得分表

	F_1	排序	F_2	排序	F_3	排序	F_4	排序	F_5	排序	总得分	排序
武汉市	0.270	4	2.732	1	0.186	4	0.319	5	0.141	4	0.825	1
重庆市	2.207	1	−0.485	8	0.186	3	−1.305	9	0.303	3	0.444	2
成都市	0.332	3	−0.314	6	1.426	2	0.376	4	−0.346	8	0.321	3
郑州市	0.586	2	0.044	2	−0.414	6	0.460	3	−0.721	9	0.105	4
长沙市	0.259	5	−0.756	10	−0.940	9	1.828	1	−0.217	7	−0.022	5
西安市	−1.184	10	−0.385	7	1.943	1	0.167	6	−0.131	6	−0.077	6
合肥市	−0.059	6	−0.685	9	0.046	5	−0.011	7	0.523	2	−0.115	7
南昌市	−0.449	7	−0.066	4	−1.019	10	0.537	2	0.038	5	−0.264	8
兰州市	−0.935	8	−0.081	5	−0.589	7	−0.756	8	2.183	1	−0.298	9
西宁市	−1.026	9	−0.004	3	−0.825	8	−1.616	10	−1.773	10	−0.920	10

表6中，主因子1为工业发展水平，主因子2为物流发展水平，主因子3为科研创新能力，主因子4为经济发展水平，主因子5为教育发展水平。

由表7可知，10个节点城市在综合实力水平上存在显著差异。按综合实力得分的大小排名，前三名为武汉、重庆和成都，表明这3个城市在工业、物流、科研创新、经济和教育等多方面的综合水平较强，在参与区域资源分配和国际资源分配时，更具有竞争力。其中，武汉2014年的地区生产总值突破万亿元，成为中部首个跻身"万亿俱乐部"的城市；重庆作为长江上游地区著名的经济中心，集金融、教育和科技多个功能于一身；成都在古代便是金融和商贸重镇，如今更是商贸繁荣，举国闻名。

（六）单因子分析

对主因子1工业发展水平进行排名，可知前三位为重庆、郑州和成都。重庆的工业总产值最高，规模以上的工业企业数量也是最多的。因为重庆自成立为直辖市以来，大力进行老工业基地的改造，已具备多个千亿级产业集群，涉及领域遍布汽车和装备制造等。而郑州工业侧重金属制造业，生产的氧化铝，远销国外，产量是全国总产量的一半。

对主因子2物流发展水平进行排名，前三名为武汉、郑州、西宁。武汉拥有得天独厚的地理优势，是中西部重要的水陆空综合交通枢纽，所以武汉的铁路运输最为发达，其高铁网辐射大半个中国。同样是地理中心，郑州在历史上曾是驰名商埠，如今已发展成物资集散地，在中部地区首屈一指。

对主因子3科研创新能力进行排名，前三名为西安、成都、重庆。西安的研究与实验发展内部经费支出最多，因为西安是著名的科技创新城市，其综合科技实力在所有城市中名列前茅，西安研究曾在神州火箭的研发过程中屡立大功。

对主因子4经济发展水平进行排名，前三名为长沙、南昌、郑州。长沙的人均地区生产总值在10个节点城市中居于首位，2014年的地区生产总值增速程度高于全国的平均增速10%。

对主因子5教育发展水平进行排名，前三名为兰州、合肥、重庆。兰州拥有多所知名大学，教育支出在公共财政支出中占比最高。而合肥，人称“江南之首，中原之喉”，设有3所国家级实验室。

四、“新丝绸之路经济带”各沿线城市的协调发展对策建议

“新丝绸之路经济带”的提出为内陆地区的发展带来了新格局、新机遇，各沿线城市需要根据对自身综合实力的准确评价，重塑自身发展定位，明确发展路径，以期最终形成协调有度、共同发展的大经济带。

武汉继续发挥其经济发达、交通便利的优势，承担高铁枢纽的角色，形成无水港，集商贸与物流于一身。重庆作为工业排名第一的城市，是西部开发的重要支撑，联动其他节点城市，共同带动中西部经济的发展。成都作为中西部商贸最繁荣的城市之一，与郑州共同发挥他们在工业产业上的优势，形成自贸区、外贸中心。南昌、长沙和合肥，在对自身区域进行资源整合的基础之上，与其他节点城市进行优势互补，建设内陆开放型经济高地，增强与俄罗斯的密切合作。处于西北地区的西安，应注重增强其在经济和创新上的优势，力争打造内陆型改革开放型新高地，助力兰州与西宁的发展。而兰州和西宁应加大开发开放力度，建设内陆开放型经济试验区，加强与中亚、南亚、西亚各国家的合作，形成人文交流基地和商贸物流枢纽。

（一）加快完善城市交通道路建设，形成互联互动的物流交通网络体系

分析结果表明，除去作为交通枢纽的郑州和武汉以外，其余节点城市的交通发展水平都亟待提高。因此，首先需要完成对基础交通的完善，在“一带一路”政策的盛行之下，城市与地区之间的联系将更加紧密，人员往来和经济活动更加频繁，这将进一步刺激物流业和交通业的发展。应当抓住这一机遇，进行合理规划，形成更加完善的交通网络。其次，

要大力发展航空业，构筑空中“丝绸之路”。以更多的客运、货运航线壮大航空产业，将节点城市的机场打造为国际航空枢纽。最后，随着第四次工业革命的到来，开拓互联网“丝绸之路”。全面打造跨境的大型电商综合试验区，响应国家的“信息丝路”计划，将“丝绸之路经济带”发展成国际网络商务交流中心和信息汇集区，对接国外多样化的商务模式，促进整个经济带的内外联动。

（二）加速产业优化升级，加强国际核心竞争力

首先，构建开放型新格局。整合优化各种资源，优势互补，加强东西部的交流，使得“丝绸之路经济带”形成资源共享、相互促进、相互依托、相互支撑的整体，提升经济带的集约效应，打造开放的商贸区。其次，发扬优势产业，提升产业集群的影响力，密切关注未来产业，以中亚、西亚市场为指向，提升国际竞争力。最后，以产融结合的新型金融思维打造共赢、共享经济。充分利用金融工具和金融企业，通过政府支持、社会资本参与，形成产业链完备的新型经济。

（三）使产学研紧密结合，提倡创新型人才的交流与合作

“一带一路”建设中提到在实施过程中注重人才的交流，根据分析结果，兰州、西安、武汉等几个节点城市，在教育与创新方面实力不凡。在经济带协同发展的同时，节点城市应在多途径、多层次、多方面上，注意培养和引进专业技术强的创新型人才。首先，鼓励各地高校针对市场的需要，培育实用型人才，扩展跨区域、跨领域的人才交流平台，摸索新的培养模式，使高校毕业的人才有更广阔的发展空间。其次，鼓励产学研合作，将从业人员的丰富经验与学术人员的理论知识相结合，打造更多的复合型高素质人才，回馈社会。最后，扩大专业技术扎实的人才队伍，增强高等院校、研究所、科技园和企业对高端人才的吸引力。

参考文献：

[1] 张晓峒. 计量经济分析 [M]. 北京：经济科学出版社，2000.

[2] 陈艳艳. 基于因子分析模型的区域技术创新能力体系评价与区域差异化研究——兼议中西部地区技术创新能力的提升 [J]. 软科学，2006，3.

[3] 高云虹，梁志杰. 基于因子分析的中西部地区产业承接能力评价 [J]. 科学经济社会，2013，4.

[4] 苏华，胡田田，黄麟堡. 中国各区域产业承接能力的评价 [J]. 统计与决策，2011，5.

[5] 刘慧，叶尔肯·吾扎提，王成龙. “一带一路”倡议对中国国土开发空间格局的影响 [J]. 地理科学进展，2015，5.

[6] 白永秀，王颂吉. 丝绸之路经济带：中国走向世界的战略走廊 [J]. 西北大学学报，

2014，4.

[7] 汤凯，许锦锦."一带一路"节点城市竞争力测评与优化 [J]. 经济问题探索，2016，9.

[8] 曹小曙，李涛，杨文越等. 基于陆路交通的丝绸之路经济带可达性与城市空间联系 [J]. 地理科学进展，2015，6.

[9] 高新才，杨芳. 丝绸之路经济带城市经济联系的时空变化分析——基于城市流强度的视角 [J]. 兰州大学学报，2015，1.

[10] 何枭鸣."一带一路"建设中内陆城市临空经济发展建议 [J]. 经济纵横，2015，9.

作者单位：河北大学经济学院

关于运用市场化模式加快县城建设的调研与思考

——基于县域经济发展的视角

高婷婷　赵　培　王英杰

在改革开放和新农村的建设中，县城是一个容易被忽略的重要经济地带，已有研究表明，县城建设是缩小农村与城市差距的重要环节。保定市位于河北省中部，是连接北京与天津的重要桥梁，2012 年 GDP 总量为2 720.9亿元，较上年增长 10.5%，其中县域经济贡献超过 70%。在经济发展过程中，由于传统产业与自然地理条件的差别，存在区域差异不可避免，但过大差异则可能导致地方保护主义甚至影响社会和谐。在京津冀协同发展背景下，保定市有必要针对自身经济发展中存在的县域发展不平衡和县城建设欠发达问题进行研究，进而促进保定市经济的协调、稳定发展。

一、指标说明与研究方法

本文选取人均 GDP 单一指标来衡量保定市各县的经济差异，人均 GDP 虽然存在片面与局限性，但它是国内外比较主流的指标，能较好反映地区经济差距。

基尼系数是衡量收入差距的一个重要指标，指标范围为 0～1，数值越小表示收入越平均。即：

$$G=1-\sum_{i=1}^{n}p_i\ (2Q_j-w_{ij})$$

上式中，G 为基尼系数；p_i 表示第 i 个县的人口占总县域人口的比重；w_{ij} 为第 i 个县第 j 产业 GDP 占县域第 j 产业总 GDP 的比重；$Q_j=\sum_{j=1}^{n}w_j$，即第 j 产业 GDP 从 1 到 n 之和，计算中，各县需按人均 GDP 从小到大排列。

基尼系数有一个重要的特征，即可以按产业进行分解，因此总基尼系数即为各分项基尼系数之和：

$$G=\sum_{k=1}^{3}S_kG_k$$

上式中，S_k 为第 k 产业产值占总产值的比重，S_kG_k/G 表示第 k 产业对基尼系数的贡献度。

二、数据说明

截至2012年12月，保定市共有县级行政区22个，包括18个县与4个县级市。由于22个县数据量极大，所以调研了4个具有代表性的县域经济体，分别是涿州市、容城县、清苑县和阜平县。

表1　保定市代表性县域人均GDP差异

年份	4县人均GDP的平均数/元	极值比
2003	7636.27	2.96
2004	8412.51	2.69
2006	10611.75	2.69
2007	11690.39	2.67
2010	16673.17	2.50
2011	18106.51	2.46
2012	19911.83	2.58

注：极值比＝人均GDP最大值/人均GDP最小值

如表1所示，从4个县域经济的人均GDP可以看到，保定市县域经济实力不断增强，经济规模逐步扩大，但是从极值比可以看出，县域经济存在发展的不平衡，虽然近几年保定市出台多项政策促进县域经济的协调发展，也能看到差距在逐步缓慢地缩小，但是多达2.5倍的人均GDP之差是一个亟待解决的问题。必须要加大对经济相对落后县的扶持力度，提供税收优惠政策，稳步提高其人均收入，创建公平的发展环境，确保每个县都能分享到整个县域经济发展的成果。当然，适合每个县的经济发展模式是不同的，局限于本次分析的4个县，涿州市可以充分利用自身的区位地理优势，做好相关的产业承接工作，继续保持优势经济，而阜平则可以利用本县的自然地理条件，发展本地红枣产业，政府应该提供外销平台，让红枣品牌做大做强，带动当地经济。

表 2　保定市代表性县域差异的产业分解

年份	S_1	S_2	S_3	G	S_1G_1/G	S_2G_2/G	S_3G_3/G
2003	0.17	0.44	0.39	0.34	19.00	47.70	31.30
2004	0.19	0.44	0.37	0.37	18.01	47.90	31.15
2006	0.18	0.45	0.37	0.40	16.43	49.31	27.01
2007	0.16	0.45	0.38	0.42	13.68	53.16	27.32
2010	0.15	0.44	0.41	0.42	10.41	56.21	25.62
2011	0.16	0.43	0.41	0.43	10.32	65.44	23.98
2012	0.16	0.43	0.41	0.45	9.32	60.28	24.36

注：S_k 表示第 k 产业占比，G 为基尼系数，S_kG_k/G 表示第 k 产业对基尼系数的贡献度

由表 2 的计算结果可以知道，保定 4 县的基尼系数在 0.4 左右，基尼系数较高，且最近几年一直处于上升状态。一方面受到样本选取不全的影响，另一方面着实反映了 4 个县域发展水平的严重差异。从产业的贡献度来看，第二产业对基尼系数的贡献度是最大的，2011 年贡献度达到了 65.44%，这说明第二产业的发展水平是导致县域经济差异的最主要因素。本文认为出现以上情况是基于以下几点原因，一是 4 县中人均 GDP 最高的涿州由于靠近北京的区位优势，房地产的迅速发展有效带动了当地建筑业以及基础设施如道路、铁路、桥梁的建设，这些行业都极大促进了第二产业的发展。二是近几年国家“十一五”规划战略有效带动了各地第二产业的发展，原来第二产业较为薄弱的阜平、清苑等县在战略的影响下逐步被其他县域拉开了距离。结合实际数据比较，2010 年涿州第二产业产值为 651 200万元，阜平为55 902万元，前者是后者的 11 倍多；同期涿州第一产业产值为 151 214万元，阜平为59 555万元，前者仅为后者 2.5 倍。放眼整个保定市乃至河北省，第二产业产值占总产值比重是较高的，对地区差异的贡献度也最高。数据还反映出一个问题，第三产业对基尼系数贡献度呈先下降后上升的“U”形影响趋势，说明第三产业在地区经济中占比缓慢升高，并逐渐成为拉大地区经济差距的因素。

三、总结与政策建议

实证研究表明，保定市县域经济在快速发展的同时，区域间的经济差距在不断拉大，并且第二产业的增长成为拉大差距的主要因素。这给我们制定政策目标提供了良好的依据，我们应该对于经济较为发达的县域，加快产业结构升级，促进第三产业的稳步增长，实现地区经济高效率、高产值；对于相对落后的县域，促进工业化的迅速推进，同时优化现有

的第二产业结构，注入更多科技与人才，具体可以从以下方面着手：

（1）经济落后县域仍然要把第二产业作为经济发展的主导产业。在积极发展第二产业时，注重发挥产业功能区的作用，完善各项配套措施建设，挖掘企业合理布局和产业集群发展的优势，实现优质资源的高效配置，依托县域产业集聚区，聚焦发展一批重点产业功能区，增强对县域经济发展的支撑能力，利用当地资源优势与人力优势，承接产业转移。清苑县建有供水、污水处理与燃气公司，但是作为邻近保定的卫星城，仅有这些还不够，必须加快城市基础设施建设，建立与工业配套的周边设施，如原料加工厂、供水供电厂、能源供应站，配合适当的税赋减免政策，在承接保定基础工业转移的同时，可以有效促进当地第二产业的发展。

（2）提升产业附加值。无论是经济富裕的涿州还是相对落后的阜平，在追求产业产值的同时，应注重提高产业价值。改造依靠高投入的资源密集型产业，鼓励技术引进与技术创新，促进企业向技术密集型与创新型转换，替换落后企业，促进企业合并是工业产业发展的潮流。以石家庄市为例，2013 年总共分两批拆除 35 家技术落后的水泥企业，将大型水泥企业整合，削减过剩产能，同时建立 6 个重点脱硫除尘项目。此举一出，不但改善了当地的大气环境，企业合并带来的规模效应也降低了生产成本，提升了经济发展水平。

县域产业发展应引入市场机制，政府推动与市场经济相结合。在二次产业占比较高的国有企业，政府作为主管部门，要充分发挥管理者的规划及制度设计职能，为企业发展提供良好的制度环境。同时积极探索和培育多元化的投融资机制，在政府引导的前提下，积极发挥企业的主体作用，有效发挥民间资本、社会资本乃至境外资本的补充作用。

（3）引进价格竞争体系机制，让企业成为自负盈亏、自主经营的法人主体。

（4）推进县域交通基础设施建设。便利的交通是县域经济发展的基础，清苑县要抓住京港澳高速公路、京广铁路、107 国道在本县交汇的机遇，建设一批连接主要工业园区的交通网络，提高交通运输综合服务能力，加快构建现代综合交通运输体系，便于产业承接和转入；对于阜平等县域，要继续大力实施农村通达通畅工程，大力提高乡镇水泥路的覆盖面，给乡镇工业的发展创造便利条件。

这样，区域间的经济差距才会逐步缩小。二次产业在经济水平的迅速提高中起着巨大的作用，保定市相对落后的县域当前主要任务还是发展工业，经济较为发达的地区，应该注重服务业比值的提高。

作者单位：河北大学经济学院

产学研联合培养经济类研究生实践能力的研究*

席增雷　谢东辉

一、引言

产学研合作研究生培养模式，是将研究生培养、课题研究和社会需求结合于一体进行研究生协同模式培养。产学研联合培养研究生，利用学校和社会两种不同的教育环境和教育资源，合理安排教学计划、研究范式与创新实践，使得学生实践能力和整体素质得到提高，达到培养高层次创新人才、服务社会、促进经济发展的目的。产学研联合培养经济类研究生实践能力的研究主要是基于高校经济类研究生在培养过程中普遍存在的问题，着力于在产学研联合培养上探索出提升研究生科学素养、创新思维和服务社会能力的路径和方法。

研究生联合培养模式是研究生培养模式新的创新，在一定程度上实现了优质资源共享，提高了研究生的培养质量，能更好地适应经济社会发展，以及不同类型高层次人才培养的多样性要求。

产学研联合培养研究生的模式早已得到国内外很多专家学者的关注和认可。从产学研合作的动机来看，Derek Watling 明确提出，产学研合作是一种异质组织之间的合作，高校、政府、企业以及科研院所之间开展合作主要是为了发挥各自的优势，互利共赢；从产学研合作的模式上来看，Atlan 将产学研合作分为六大类，分别为一般性资助研究、合作研发、研发中心、产学研联盟、高校里的业界协调单位以及大学科技园。

* 基金项目：河北大学第三届研究生教育教学改革项目“产学研联合培养经济类硕士研究生实践能力研究”（项目编号：YJS2016-20）；河北省高等教育教学改革研究与实践项目“以中西部高校提升综合实力工程为契机，提升经济类专业学生实践能力研究”。

二、产学研联合培养经济类研究生面临的机遇和挑战

（一）机遇

中央、地方相关部门积极地推动产学研合作，制定联合培养研究生的规定，教育部、国家发改委《关于下达2010年全国研究生招生计划的通知》第四点中明确指出“继续”推进高等学校与科研机构开展联合培养研究生试点工作。大力创新研究生教育体制和机制，积极探索多种形式的合作、联合培养模式，促进高校与科研院所科教资源共享，充分利用双方资源，充分发挥双方优势，在培养高层次拔尖人才方面取得新的突破。

“一带一路”倡议是实现中国梦的重要抓手，更是实现中华民族伟大复兴的载体之一。在社会发展的各项要素当中，人是最重要的要素。在中国梦实现的过程中，国际化是其重要的指标之一，而国际化进程的速度、质量和成效的关键决定因素就是高素质人才国际化创新创业能力。要培养出具备国际化创新创业能力的高端人才，必须从协同创新角度来剖析和探讨研究生创新创业能力教育体系完善和优化的路径和策略。河北大学依托“中西部高校提升综合实力工程”，经济学院承担了“首都经济圈与河北发展研究”核心科研项目，并建立了河北大学经济学研究试验平台。在此基础上，先后建成了大数据实验室、语音实验室等，与此同时，学院还买进了中经网数据库、金融数据库等。经过近3年的建设，该核心项目及试验平台极大地改善了经济类专业师生科研条件，并且，围绕着首都经济圈与京津冀协同发展，河北大学在经济学研究中已经涌现出一大批高端研究成果，有力地促进了科研水平的提升。

（二）挑战

我国研究生培养模式长期以来都是一种以培养学术型、研究型人才为目的的单一模式，该传统模式已经远远不能满足经济增长方式对应用型人才的渴求，这导致了有些专业型、科研型的研究生供大于求，另外，应用型、复合型研究生严重短缺。

虽然近年来我校经济类研究生科研水平已经取得了很大的进步，但是，如何在提升教师科研水平的同时，促进教师将科研成果向高层次创新人才培养方面转化，进一步带动提高研究生分析发现问题的能力和提出问题的能力，总体研究方案的制定及规划能力，观察、实验、搜集资料的能力、理论分析能力以及解决现实问题的能力依然是一个巨大的挑战。因此，立足于现有的资源和条件，探索适宜的培养模式和机制，对于经济类研究生整体科研素质和科研能力的提升具有重要的意义。

三、河北大学经济学院研究生联合培养的成果分析

河北大学依托“中西部高校提升综合实力工程”，经济学院承担了“首都经济圈与河北发展研究”核心科研项目，并建立了河北大学经济学研究试验平台。在此基础上，先后建成了大数据实验室、语音实验室等，与此同时，学院还买进了中经网数据库、金融数据库等。

下面，我们以河北大学经济学院研究生创新项目和论文发表量为基本指标，对河北大学经济学院研究生的科研能力进行分析。

表 1　2016～2017 年河北大学经济学院研究生创新项目评审结果

序号	项目名称	等级	序号	项目名称	等级
1	河北省金融发展与实体经济协调度研究	省级	9	医疗保险对老年人健康和生活满意度影响的实证研究	校级
2	基于基层土地工作者视角的农村土地流转分析——以高阳县为例	校级	10	新型城镇化背景下邢台市平乡县县域经济研究	校级
3	我国金融发展与居民收入差距非线性关系研究——基于动态门限面板模型的经验证据	校级	11	京津冀医养结合园区建设模式研究	校级
4	京津冀协同发展对环首都贫困带发展的影响	校级	12	京津冀地区科技资源协同创新战略升级路径研究	校级
5	河北省高耗能行业结构调整对经济影响的研究	校级	13	农业保险＋期货助力精准扶贫	校级
6	京津冀地区科技资源协同创新战略升级路径研究	校级	14	BP 神经网络模型在中小企业融资征信评估中的应用	校级
7	雾霾认知对公众大气污染防治措施接受程度的影响研究——以保定市为例	省级	15	河北高阳县庞口镇农机配件产业园区优化升级发展规划	校级
8	地方政府债务与地区经济增长的关系研究	省级			

由表 1 可以看出，河北大学经济学院研究生创新项目水平在产学研联合培养模式下显著提高。2016 年河北大学经济学院研究生获得河北省创新项目资助的仅有 1 个，获得校级创新项目资助的有 5 个；2017 年河北大学经济学院研究生获得河北省创新项目资助的有 2 个，获得校级创新项目资助的有 7 个。

由图 1 可以看出，2017 年河北大学经济学院研究生获得省级资助的项目数量是 2016 年

获得省级资助项目数量的 2 倍；2017 年河北大学经济学院获得校级资助的项目数量是 2016 年获得校级资助项目数量的 1.4 倍；2017 年创新资助项目总数以绝对的优势超过 2016 年，可见，河北大学经济学院创新能力得到显著提高。

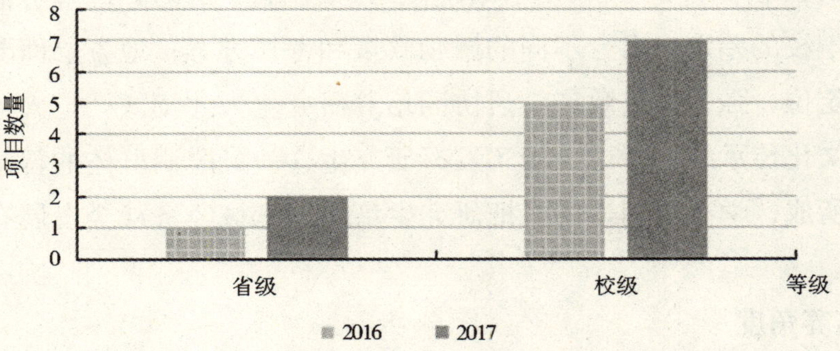

图 1　2016、2017 年河北大学经济学院研究生创新项目对比图

由表 2 可以看出，河北大学经济学院 2014 年研究生论文发刊总数为 175 篇，其中 CSSCI 33 篇，核心 54 篇；2015 年河北大学经济学院研究生论文发刊总数为 222 篇，其中 CSSCI 42 篇，核心 63 篇。很明显，2015 年与 2014 年相比，河北大学经济学院的研究生论文发刊数有了明显的提高。

表 2　河北大学经济学院研究生论文发刊数

年份	论文发刊数	CSSCI	核心
2014	175	33	54
2015	222	42	63

总的来说，经过近三年的建设，核心项目及试验平台极大地改善了经济类专业师生科研条件，并且，围绕着首都经济圈与京津冀协同发展，河北大学在经济学研究中已经涌现出一大批高端研究成果，有力地促进了科研水平的提升。

四、提升经济类研究生整体实践能力的途径

（一）政府角度

创新是社会进步的基石和源泉，作为国家教育体系塔顶的研究生教育显然是创新的引

导和主力。经济学是研究社会资源优化配置的学科，作为经济类研究生也必然要掌握社会资源优化配置的理论和方法，更要把这些理论方法应用到实践中去。在中华民族伟大复兴这一新时期“中国梦”的指引下，“一带一路”这一国家倡议的深入实施必然要求全方位的创新，经济学类研究生的实践能力是其重要组成部分。因此，在国家层面，研究生教育主管部门要立足“2011 协同计划”和“大众创业、万众创新”战略，统筹考虑国家和地方大学以及不同背景学校的差别，出台不同的激励政策和考核方案；地方层面要结合区域发展和对不同大学的定位，强力推进政产学研协同培养研究生人才模式，把人才培养、科学研究、社会服务和文化传承统筹考虑，切实发挥研究生这一最聪明群体的智慧，使其在研究生这一阶段学有所成、学有所用，还要把研究生培养和区域经济社会发展有机融合，提升区域发展的活力。

（二）协同培养角度

1. 以项目为依托联合培养研究生

借鉴德国联合培养模式——以项目为依托联合培养研究生。这种模式主要以科研成果为媒介，把大学和社会联合在一起，充分利用各方优势，实现优势互补。例如社会根据自身的需要和市场情况，提出科研课题和项目，在大学设立科研基金，由高校的教授和研究生负责攻关，这种联合往往是以经济合作为基础，大学根据社会的要求确定研究目标和主要经济指标，签订科研合同，制定具体的实施预算、方案、付款方式和验收标准，课题经费主要由社会提供。自 1975 年以来，美国的大学就开始与社会开展此类形式的“合作教育”，另外，美国的一些大企业，如 IBM 公司、英特尔公司等均与大学联合培养研究生。

2. 人员培训及交流

人员培训包含三个方面：一是高校根据社会的需要，组织教授和研究生团队为社会提供项目咨询和技术指导，开展科研人员培训等工作。二是高校在校内设立社会科研人员研究机构。三是政府、企业、高校、科研机构通过开展科技交流等会议的形式集结海内外先进的专家学者、管理精英进行交流，这种方式可以在很短的时间内了解科技的最新动态。

3. 联合设立人才培养和科学研究基地

研究生培养基地为研究生提高科研能力、创新能力等提供了重要的平台。学校对基地研究生实行双导师机制，注重发挥校企双方导师在理论研究、生产实践方面的优势。学校聘请基地所在理论水平较高、实践经验丰富、具有高级职称的企业人员担任社会导师，并由学校颁发社会导师聘书。

学校导师和社会导师共同负责研究生的学位论文选题、工作安排等，研究生培养基地对研究生提供大量的前沿性、实用性、系统性的论文选题。

4. 政产学研协同培养研究生

基于社会对高层次人才的需求，政产学研协同联合开设专业是合作教育的一种形式。根据产业发展对人才的新要求，学校与社会需求方共同制定教学计划。基于真实的需求安排教学方式和课程内容，理论、实践融合贯通。联合开办专业培养研究生，在服务社会的同时，也为自身筹措了研究经费。同时，人才需求主体还能把各行业研究的前沿问题、影响行业发展的关键技术难题以及国民经济发展迫切需求的科研问题直接带进课堂，让研究生能够最大限度参与经济的实际运行，能够最大程度发挥研究生这一创新主体的智慧和创造活力，促进协同创新和政产学研联合人才培养。

参考文献：

[1] Derek Watling. University business schools business: the changing dynamics of the corporate education market[J].Strategic Change,2003,12:223-224.

[2] Atlan, Taylor (1987). Bring Together Industry and University Engineering Schools in Getting More out for R&D and Technology[R].The conference Board ,Research Report,1987.

[3] 刘娟. 国外产学研联合培养研究生的主要模式及策略研究 [J]. 职业技术教育，2009，28：84-89.

[4] 杨霄玉，于兴华. 产学研联合培养研究生模式对策研究 [J]. 大学教育，2014，16：35-36.

[5] 彭齐东，曾红权. 开展产学研联合教育，培养专业学位研究生 [J]. 江西农业大学学报（社会科学版），2010，3：167-170.

[6] 张新厂，钟珊珊. “产学研”联合培养复合型研究生模式探讨 [J]. 高等教育研究，2009，1：57-60.

作者单位：河北大学经济学院

冀中南城市群空间经济结构研究

陈　昊

一、冀中南城市群发展背景与意义

（一）背景

冀中南城市群是京津冀城市群的重要组成部分。在京津冀协同发展的大背景下，其经济发展质量的高低对于全局起着至关重要的作用。众所周知，冀北的张家口、承德地区被定位为京津冀地区的生态涵养区，其经济发展受环境功能的制约较为明显；冀东的唐山、秦皇岛地区虽然有着较为完善的工业体系，但其发展不足以辐射至冀中南地区，且冀东和冀中南地区被京津割裂开来，不便于两地各经济要素的流动。而冀中南城市群是整个京津冀区域平原面积最广、人口相对集中的区域，因此，研究冀中南城市群的空间经济结构，有利于发现并解决相关问题，最终有利于冀中南地区乃至整个京津冀区域的协同发展。

（二）意义

加强冀中南城市群空间经济结构的研究有利于深化对该区域空间经济结构的认识，有利于划分出不同的城市圈层结构，进而提出更有针对性的发展对策。从而促进冀中南地区经济、社会等各方面的发展，为京津冀协同发展奠定良好基础。

二、研究综述

（一）关于冀中南城市群的界定

《河北省“十二五”规划纲要》明确界定冀中南经济区包括 1 中心、2 轴、3 基地、18 县。这些地区涉及石家庄、邢台、邯郸、衡水 4 个地级城市、周围的相关县级单位、相关铁路沿线及有关基地。种项谭认为，冀中南经济区与传统的冀中南区域有所区别。冀中南经济区包括石家庄、邢台、邯郸、衡水，而冀中南地区包括以上 4 市及保定、沧州。经济区所包含的城市是会跨越传统行政分区的概念，而地区的概念相对偏向于一种行政区域。而胡恩堂、李建明则认为冀中南地区包括石家庄、邯郸、邢台、衡水4个地级市、4市下辖县区、有关经济开发区以及高新技术开发区。这与《河北省“十二五”规划纲要》有某种程度的契合性。张守利、冯铎认为，保定、沧州在区位上也属于冀中南地区。并且沧州是该地区共同的出海口，只有融入冀中南的互动联系中才更利于自身的发展。

（二）研究城市空间结构的相关理论

19世纪80年代，英国学者 Ravenstein 将牛顿的万有引力模型引入到人文社科领域，并以此为基础提出空间相互引力模型，旨在研究城市之间人口流动问题。这也为有关学者研究城市间经济作用强度提供了新的工具。赖利基于此提出零售引力模型；康弗利则进一步提出城市间断裂点的相关概念及计算式，城市间断裂点（分界点）的提出对于划分城市之间不同经济区域具有重大意义。

等级—规模法则（Rank-Size Rule）以中心地理论为基础，首次提出城市等级与规模间的帕累托分布。齐夫于1949年提出齐夫法则，进一步说明城市等级与规模间的相关关系。齐夫法则公式如下：

$$N_j = \frac{K}{R_j^b}$$

上式中 N_j 表示 j 城人口总数，R_j 是 j 城在该区域内的位序（等级），b 是一个接近1的幂指数。

陈彦光（1999）通过对赖利等的公式进行深入研究，修正相关模型，把城市间的相互作用扩展到某一时段的相关过程，一改之前的时点状态量。

（三）关于冀中南城市群的研究

早在2001年，周一星、张莉、武悦对我国城市中心性等级体系进行了研究，他们认为冀中南城市群的三级中心只有石家庄一市，保定等城市属于四级中心。由此可见冀中南城市群缺乏高等级的大城市，处于中等级的城市较多。邓学来、王纬认为石家庄是冀中南城市群的中心城市，并且其经济发展方式已经由资本推动型向创新推动型转变，能够有效带动其余几市的经济发展。因此，冀中南各市应注重产业合作，利用石家庄的综合优势辐射带动域内各市的协同发展。郭晓君认为，冀中南城市群是全国城市群建设的滞后区，其建设缓慢，并且提倡加强省会石家庄作为中心城市的地位，提升辐射带动作用。

三、冀中南地区空间圈层划分

（一）研究对象及概况

传统的冀中南城市群包括石家庄、衡水、邢台、邯郸 4 个地级市。保定除去北部少部分县市可以归并到环首都城市群外，其余大部分地区其实都应归到冀中南城市群。沧州从某一角度上来讲属于环渤海城市群，但它是冀中南地区的重要出海口。因此，为便于研究、顾全大局，本文认为冀中南城市群包括石家庄、衡水、邢台、邯郸、保定、沧州 6 个地级市。其中包括 15 个县级市，70 个县。土地面积共 8.48 万平方公里，人口5 161.85万，分别占到全省的 44.63%和 69.52%。

（二）中心性指数公式

城市的中心性可以表述为向居住在它周围地域（尤指农村地域）的居民提供各种货物和服务的特性。城市越具中心性，其影响范围就越大，反之越小。中心性源于克里斯塔勒的中心地理论，最初他用中心商品数量作为衡量中心地中心性大小的指标，随后由于商品经济的发展，中心商品难以界定。时至今日，学者进行了一系列新探索，将城市人口数、地区生产总值等作为计算指标来研究城市中心性。

本文所使用的中心性指数计算公式引用了王炜瀚、丁匡达对于太原城市群研究的公式。该式主要选用地区生产总值和市区人口数两项指标的乘积，二者之积能够反映城市的相对重要程度，以此来表示城市间的相互影响。一个城市对于其他城市的影响可分为该城市中心对本身的影响，即城市影响力的基本因素；以及对其他城市的影响，即该市对其他城市的直接影响。

中心性指数公式如下（王炜瀚、丁匡达，2013）：

$$C_i=\frac{\sqrt{T_iP_i}}{S_{ii}}+\sum_{i\neq j,j=1,2,\cdots,n}\frac{\sqrt{T_iP_i}}{S_{ji}}$$

其中，n 代表域内城市数量，T_i 代表 i 城市的地区生产总值，P_i 代表 i 城市市区人口数，S_{ii}代表 i 城市内部距离，定义为与城市等面积的圆半径的 1/3，S_{ji}代表 j 与 i 地间的距离。令上式$\frac{\sqrt{T_iP_i}}{S_{ii}}$部分为 A，定义为该市本身人口与经济规模的大小，令上式后半部分$\sum_{i\neq j,j=1,2,\cdots,n}\frac{\sqrt{T_iP_i}}{S_{ji}}$为 B，定义为周围城市对 i 城市产生影响力的总和。

（三）中心性指数分析

根据上述所引用的中心性指数计算公式及下述表 1、表 2 数据，对冀中南城市群各地市中心性指数大小进行测度，得到表 3 中的各地市中心性指数值。

表 1　2015 年冀中南城市群各地市概况

城市	地区生产总值/亿元	市区面积/平方公里	市区人口数/万人	总人口数/万人	半径/公里
石家庄	5440.6	2206	346.8	1070.16	8.83
邢台	1764.7	162	86	780.39	2.3
沧州	3240.6	219.39	47.16	774.4	2.78
邯郸	3145.4	2142	294	1049.7	8.7
保定	3000.3	2531	276	1034.9	9.46
衡水	1220	1508.2	89	452.3	7.3

资料来源：河北省统计局

表 2　冀中南城市群各主要城市间公路里程

单位：公里

	石家庄	保定	沧州	邢台	邯郸	衡水
石家庄	0					
保定	138	0				
沧州	225	156	0			
邢台	114	252	295	0		
邯郸	171	309	340	57	0	
衡水	138	162	136	159	204	0

资料来源：河北省公路交通图

表 3　冀中南城市群各地市中心性指数值

城市	*A* 部分	*B* 部分	中心性指数	等级
石家庄	155.56	46.09	201.65	Ⅰ
邢台	169.38	15.57	184.95	Ⅱ
沧州	140.62	9.59	150.21	Ⅱ
邯郸	110.53	33.15	143.68	Ⅱ
保定	96.19	24.60	120.79	Ⅱ
衡水	45.14	10.53	55.67	Ⅲ

根据上表 3 所得数据对冀中南六市进行分类，其中指数值大于 200 的为Ⅰ类区域经济中心城市，即石家庄市为其经济中心城市；100～200 的为Ⅱ类区域次中心城市，包括邢

台、沧州、邯郸、保定；小于100的为Ⅲ类区域弱次中心城市，即衡水为Ⅲ类城市。以上数据说明石家庄在该区域担任着经济中心的角色。在中心性指数构成方面，石家庄B部分位居第一，A部分居于第二位，说明周围城市对石家庄中心城市作用的发挥起着重要作用，但作用的发挥主要还是自身经济规模的体现。

其余城市中，邯郸、保定、衡水A部分与B部分的比值与石家庄不相上下，说明他们更多地依赖周围城市的影响。邢台、沧州的相关比值高于石家庄，这在一定程度上表明沧州、邢台二市分别形成了自我循环的经济体系，这可能与邢台市特色产业建设、沧州市环渤海地区开放型经济强市的建设有关。

综上所述，依据各地市中心性指数值可知，石家庄是冀中南城市群的经济中心城市，但其中心城市职能没有得到全面发挥，加强中心城市建设的工作任重而道远。邢台、沧州、邯郸也在一定程度上形成了区域次中心。区域次中心的建设与发展有利于促进整个区域的协同发展，有利于形成功能完善、结构完备的城镇体系。

（四）经济联系强度分析

经济联系强度以空间引力模型为基础，借鉴物理学中牛顿提出的万有引力定律，使得该模型具备以下基本元素：一是包括人口及经济规模在内的规模影响，规模的大小决定了经济联系强度的大小；二是包括空间地理距离、时间距离在内的距离影响，距离越近，联系强度越大。为综合衡量城市规模的影响，本文继续引用经济联系强度公式（王炜瀚、丁匡达，2013）：

$$Q_{ij}=\frac{\sqrt{H_jY_j \cdot H_iY_i}}{S_{ji}^2}$$

其中H_i、H_j分别为i地与j地人口总数，Y_i、Y_j分别代表i、j两地的地区生产总值，S_{ji}代表j、i两地距离。

以上式为基础，利用下述公式（牛慧恩等，1998）计算石家庄对外经济联系强度隶属度。

$$L_{ji}=\frac{Q_{ji}}{\sum_{i=1}^{6}Q_{ji}}$$

如表4所示，经济联系强度最大的是邢台与邯郸，这可能与两地距离较近，人口、经济规模较大有关。此外，京广高铁的开通运行也极大缩短了两地的时空距离，因此两地经济联系强度最大。经济联系最广的是石家庄与保定、邢台和邯郸。由此可知，保定、邢台、邯郸基本上融入到了以石家庄为中心的经济圈内，而邢台与邯郸之间又形成了紧密联系的圈内圈。排名靠后的衡水与沧州中，衡水与其他城市经济联系量显著大于沧州，因此沧州在一定程度上来讲处于边缘地带。

表4 2015年冀中南各地市经济联系量

单位：亿元·万人·平方公里⁻¹

	石家庄	保定	沧州	邢台	邯郸	衡水
石家庄						
保定	223.27					
沧州	75.51	114.70				
邢台	217.89	32.56	21.36			
邯郸	149.94	33.53	24.90	656.31		
衡水	94.12	49.88	63.62	34.48	32.43	
石家庄对外经济联系强度隶属度		29.35%	9.93%	28.64%	19.17%	12.37%

由石家庄对外经济联系强度隶属度相关数据可知，石家庄对外联系功能主要对保定、邢台起作用，而沧州较难融入冀中南城市群的发展当中来，这不利于该区域的协同发展。

（五）冀中南城市群空间圈层划分

根据上述中心性指数、经济联系强度的计算与分析，可知冀中南城市群存在较为明显的层级性。根据相关数据，将冀中南城市群分为以下圈层：以石家庄为核心城市的核心圈层，包括石家庄、保定、邢台；中间圈层，包括邯郸、衡水；外围圈层，包括沧州。

四、不同圈层内城市的优势、劣势及对策建议

（一）优势、劣势

冀中南城市群的核心城市石家庄是河北省政治中心及交通中心。石家庄是我国重要的铁路运输枢纽，京广、石太、石德、朔黄铁路交会于此，交通便利。石家庄人力资源丰富，境内有河北师范大学、河北经贸大学等数十所高校，具有较高的科研水平。石家庄市地区生产总值占冀中南6市的30.55%，第三产业较发达。然而，石家庄中心城市作用不够明显，对周围城市的辐射带动作用没有得到充分发挥。

同属核心圈层的保定、邢台大部分位于华北平原及太行山山前地带，保定良好的经济基础以及两地便捷的交通网便于加速核心圈层内三地市的经济要素的流动。保定作为京津冀协同发展战略中京保石发展轴的重要节点城市有着较强的制造业基础，其制造业竞争力指数达86.45，位居河北省第一。其地区生产总值也属全省中游水平，经济基础较强。邢台交通便利、地理位置优越，这有利于其承接环渤海地区的产业转移。保定北部地区临近北京，尤其是京津冀协同发展战略实施以来，保定大部分地区正在积极承接北京地区的产

业转移，忽视了与冀中南地区各市的合作。邢台城市规模、人口规模较小，经济实力较弱，缺乏特色产业以及新的经济增长点，这不利于其发挥次级中心的作用。

中间圈层包括邯郸、衡水两市。邯郸作为河北经济第四强市，也是老工业基地之一，正在不断寻求高端制造业的增长点，经济发展势头强劲。衡水是环渤海经济圈和首都经济圈的“1＋9＋3”计划京南区，京九、石德、邯黄等铁路交会于此，区位优势明显，被誉为“黄金十字交叉处”。邯郸地处河北省最南端，其经济影响力难以辐射到邢台以外的冀中南地区。此外，邯郸市经济发展面临转型，任务艰巨。衡水城市经济规模与实力均较小，缺乏对外市产业的承接能力。

外围圈层的沧州虽然经济总量排在前列，但距离其他各市较远，受交通条件的制约，沧州无完善的普速铁路网，且通往冀中南其他城市的高铁须绕行天津，故其处于冀中南城市群的外围圈层。如何更好地融入冀中南城市群的发展当中是沧州现在亟待解决的难题。

（二）对策建议

首先，做大做强中心城市，提升其辐射带动作用。加快调整并优化石家庄市产业结构，扩展、优化中心城市功能，进一步增强石家庄经济地位。依托石家庄国际机场支持正定地区发展空港经济；利用河北省政治中心的优势发展总部经济。加强校企合作，依托市内部分高校打造产学研一体的发展模式，提升产业创新能力及竞争力。利用交通优势，积极发展物流产业。从多方面提升石家庄城市品位，做强中心城市。

其次，做大邢台、衡水两市的城市规模，加强其产业承接能力。适时选择合适的县市进行行政区划调整。将有条件的县级单位撤县设区，减少中间管理环节，扩大城市空间规模及人口规模。利用邢台区位优势，积极承接石家庄及邯郸等地的产业转移。提升科技创新能力，形成具有邢台特色的产业集群。利用衡水的滨湖优势，积极打造现代化滨湖城市、华北平原农业现代化示范基地和冀中南地区优秀的休闲旅游城市，提升衡水市的形象及影响力。

再次，强化保定、邯郸与域内域外地区的经济联系，为冀中南地区经济发展寻求新动力。保定北部各县市应积极发挥近北京的区位优势，优先承接北京的产业转移，促进保定产业结构的优化升级，引入战略性新兴产业，促进高科技产业的发展。推动邯郸与豫北、鲁西北等地的经济交流，借鉴吸收域外地区的成功经验，推动邯郸经济转型升级，提升邯郸在冀中南城市群的地位与影响力。

最后，优化区域交通网络，加强沧州与冀中南各地市的联系。加快石沧铁路的建设步伐，加强沧州与域内其他城市的联系。重点推进沧州渤海新区建设，加快建设完善港口集疏运体系，努力建成我国北方重要的深水枢纽性港口、我国物流实验基地、国家级经济技术开发区、国家循环化改造示范试点园区、国家新型工业化产业示范基地、国家海水淡化产业发展试点园区，将沧州打造成我省的沿海经济强市，成为冀中南地区新的经济增长极。

参考文献：

[1] 河北省“十二五”规划纲要（2011～2015年）.

[2] 种项谭. 对打造冀中南经济区的思考 [J]. 领导之友，2011，11.

[3] 胡恩堂，李建明. 对加快发展冀中南经济区的探讨 [J]. 衡水学院学报，2013，3.

[4] 张守利，冯铎. 冀中南地区城市间经济联系测度及其空间发展评析 [C]. 城市时代，协同规划——2013中国城市规划年会论文集（10-区域规划与城市经济）. 2013.

[5] 王炜瀚，丁匡达. 中部崛起背景下太原都市圈空间经济结构研究 [J]. 国际贸易问题，2013，7.

[6] Zipf G.K.(1949) Human Behavior and the Principle of Least Effort: An Introduction to Human Ecology[M].Cambridge: Mass, Addison-Wesley Press.

[7] 陈彦光. 基于互相关函数的分形城市引力模型——对Reilly-Converse引力模型的修正与发展 [J]. 信阳师范学院学报（自然科学版），第2期.

[8] 周一星，张莉，武悦. 城市中心性与我国城市中心性的等级体系 [J]. 地域研究与开发，2001，4.

[9] 邓学来，王纬. 河北省创新型城市建设模式研究 [C]. 2011年全国电子信息技术与应用学术会议论文集. 2011.

[10] 郭晓君. 提升冀中南中心城市功能的构想 [J]. 宏观经济管理，2013，11.

[11] 佚名. 河北制造业质量竞争力指数出炉. 河北新闻网[DB/OL].http://jiangsu.china.com.cn/html/2016/kuaixun_1217/8577547.html,2016-12-17.

作者单位：河北大学经济学院

基于大数据的智慧城市建设

李　莉　苗欣茹　杨文泽

一、引言

随着我国经济的快速发展，“城市病”问题日益凸显，如交通拥挤、人口膨胀、资源紧缺等。这些问题限制了城市可持续健康的发展。在不同的发展阶段，城市会选择不同的发展模式，随着现代科技信息技术的迅速发展，城市的发展模式也得到了创新，现有的城市发展模式很难满足城市发展的需要。日趋成熟的“智慧城市”理念成为促进未来城市发展的新理论。智慧城市的建设可以有效地解决传统城市发展中的部分问题。其中，大数据是智慧城市建设发展的关键因素，首先需要采集和整合城市运行数据，随后进行高效挖掘和分析，最后根据各类数据的分析结果对城市的运行管理提供决策支持。大数据推动着智慧城市的发展建设。

二、智慧城市与大数据的关系

（一）智慧城市的概述

2008 年 11 月，IBM（国际商业机器公司）在全球金融危机的背景下，提出了“智慧地球”理念，然后以此为基础，在 2010 年正式提出了“智慧城市”的理念。智慧城市是智慧地球的重要构成部分之一，智慧城市的建设也是和民生联系最紧密的部分之一。但目前对智慧城市还没有明确的定义，不同专家的侧重点各有不同，有的专家更加侧重技术的应用，有的专家更加侧重网络的建设，有的专家更加侧重人的广泛参与，也有的专家更加侧重智慧效果。综合专家的观点：智慧城市即是在大数据的基础上充分运用现代科技信息技术对城市综合运行的核心系统产生的各类数据信息进行感测、分析、整合，再将整合的结果服务于民生工程、工商业活动、公共安全以及城市服务的各类需求活动中，为在城市生活中的人创造更加美好的生活，以及促进城市的健康可持续发展。智慧城市与数字城市是息息相关、一脉相承的，但智慧城市与数字城市相比，智慧城市会更加注重数据资源的整合、集成、共享以及服务，对数据信息的实效性的要求也更高，也更加地强调城市管理方面的相互统筹与协调发展。智慧城市的目的就是让城市更聪明。推动城市向低碳、绿色、和谐与可持续方向发展是我国智慧城市建设的目标。

（二）大数据的概述

随着现代信息技术的快速发展，大数据应运而生，我们已经开始迈入大数据时代。大数据自提出以来受到了广泛的关注，但目前并没有统一的定义，对其定义也大都是侧重定性描述，定量指标不明确。虽然不同的专家从不同的角度和侧重点来定义大数据，但专家对大数据的相关定义是殊途同归的。大数据归根到底是一种数据集，其特性通过与传统的数据管理及处理技术对比来突显，并且在不同的需求下，其要求的时间处理范围具有差异性，对于大数据来说，其最大的价值并不是数据的本身，而是通过对大数据进行挖掘、分析，找到其所包涵的深层次的内容。大数据具有五个特性：一是体量庞大，二是更新迅速，三是模式多样，四是真伪难辨，五是价值巨大。大数据能帮助我们以前所未有的维度来量化和理解我们的世界，产生巨大的价值。大数据不仅仅是海量的数据，更准确地说，大数据是对海量数据进行分析和应用，找到数据之间的关系，挖掘数据之间的规律，帮助我们了解事物的真正内涵与本质。其战略意义不在于庞大的数据信息，而是对这些有意义的数据进行专业处理。大数据是一场技术革命，会给各行各业带来巨大的影响。基于大数据隐藏的巨大潜力，在全球范围内很多国家都将大数据视作重要的战略资源，并将大数据发展进一步提升为国家战略。

（三）智慧城市与大数据的关系

大数据与智慧城市有着密不可分的联系。在智慧城市中，大数据正扮演着越来越重要的角色。智慧城市的建设离不开大数据的支撑，大数据产生与遍布在智慧城市的各个环节。大数据是智慧城市建设发展的智慧核心。大数据与智慧城市的关系可表述为：智慧城市产生大数据，同时，大数据支撑智慧城市的建设发展。智慧城市与大数据之间相互促进、相互作用。

1. 智慧城市产生大数据

随着现代信息技术的迅速发展，大数据时时刻刻存在于我们的周围，和我们的生活息息相关。智慧城市的建设会带来海量的数据，各行各业的数据都在迅猛增长，如视频监控数据、环境监测数据、交通数据以及人口数据。智慧城市中的大数据来源于社会生活的各个领域，其来源极其宽泛，同样的其应用范围也十分宽泛。大数据有三个方面的主要来源：一是智慧城市的建设领域产生的业务数据，例如城市基础库提供的地理数据、人口数据、经济数据等；二是物联网所产生的动态数据，例如交通数据、医疗数据、公共安全数据等实时数据；三是互联网所产生的移动数据。以上三个方面是大数据的主要来源，其共同构成了智慧城市中大数据资源库。

2. 大数据支撑智慧城市

大数据像血液一样遍布在智慧城市的方方面面，大数据是智慧城市能否实现"智慧"的关键所在，如何使大数据更好地服务于智慧城市的建设是研究的重点。大数据必须经过挖掘与分析才能得到其真正的价值。经过分析与挖掘等智能化处理后的数据结果可以为政府、企业、群众提供相应的决策支持。大数据可以为智慧城市的建设提供技术与理论的支持，助力智慧城市的建设，使其建设更加科学化。在大数据的时代背景下，各行各业都在与现代信息技术相互融合，进而产生着更多的新型业态，现代信息技术产业的发展空间也进一步拓展。智慧城市建设的中心应是如何挖掘、分析大数据背后隐藏的巨大价值，并将其运用到城市的建设管理中。大数据价值的终极体现是可以为城市的发展提供决策支持。

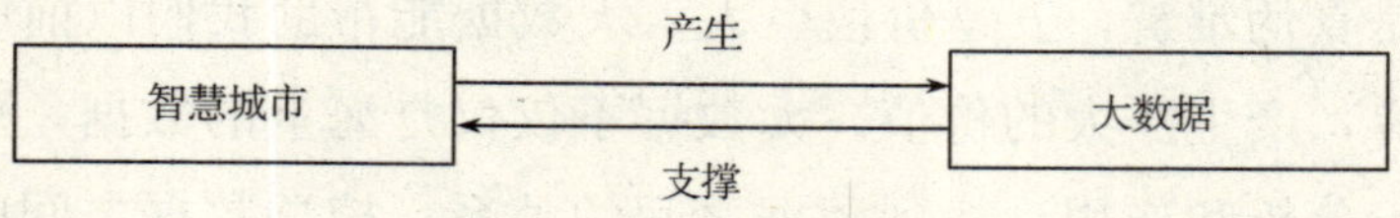

图 1　智慧城市与大数据的关系

三、大数据的关键技术在智慧城市中的应用

对于含有巨大潜力价值的大数据来说，传统的关系型数据库目前已无法进行相关的处理，需要更加专业的技术和系统来进行迅速筛选与精确提炼。大数据处理的基本流程与传统数据处理的流程基本上相似，主要包括数据的采集、数据的存储、数据的处理和数据的可视化等四个关键的环节。

（一）大数据的采集

大数据要得到广泛应用，需要挖掘其所蕴藏的价值，首要工作就是数据的采集。采集数据的准确性与完整性，决定着数据的运用是否真实可靠。数据的采集是指从传感器和其他待测设备等模拟和数字被测单元中自动采集信息的过程。其主要是从城市基础数据库、互联网、物联网、传统数据库等不同的数据源快速地收集所需要的信息，通过 Extract-Transform-Load 进行数据的预处理，最后加载 Data Warehouse。与传统的数据采集相比，大数据的数据采集来源更广泛，数据量更巨大；数据的类型更丰富，包括结构化、半结构化与非结构化数据；传统的数据采集是关系型数据库和并行数据仓库即可处理，而大数据的数据采集是分布式的数据库处理。随着现代科信息技术的发展，大数据的数据采集相比较于传统的数据采集，具有如下三个特点：第一，大数据的数据采集摆脱了以往人工录入的方式，以自动化的方式为主；第二，大数据的数据采集摆脱了以往对数据采样的方式，以全量的采集为主；第三，大数据的数据采集摆脱了以往只采集基本数据的方式，采集的内容与类型更加丰富。大数据的数据采集有三种新方法：一是系统日志采集方法，目前大部分的互联网企业都有其自己相应的海量数据采集工具，这些工具均采用分布式数据库的架构；二是网络数据采集方法，其是指通过网络爬虫（web crawler）或在网上公开应用程序编程接口（API）等方式从网站上获取数据信息；三是其他数据采集方法，对于那些保密性要求较高的数据，如企业内部、科学研究等数据，可以使用特定的数据接口或与相关的企业、研究机构进行合作来采集数据。智慧城市的公共支撑平台可以通过内容采编、网络爬虫、数据库导入、接口调用、数据库访问中间件技术等方式，从行业系统和城市基础库中采集数据。

（二）大数据的存储

智慧城市的建设会产生大量数据。对数量庞大的多态异构的数据如何进行低成本、高效、长期的存储是大数据处理的关键技术之一。相比较于传统的本地数据存储模式，大数据的存储面临着容量的扩展与运营成本两大问题。基于云计算的分布式文件管理与计算处理、数据管理等技术为解决上述问题提供了思路。数据的压缩技术可降低数据的传输量和提高数据的存储效率，但这也增加了数据处理环节及计算的负担。分布式存储要权衡对存储空间及实时性的影响：实时数据库或内存数据库可以用于存储实时数据；传统的并行数据仓库系统可以用于存储核心业务数据；分布式文件系统可以用于存储半结构化和非结构化的数据；分布式关系型数据库可以用于存储结构化数据。在储存数据的时候要依据相应的规则条文对数据进行合理分类与标注，便于以后对原始数据进行相关的查询。在智慧城市公共支撑平台中，不同类型的数据的储存方案也不相同，要将不同类型的数据进行相应的预处理之后根据相应的存储方案进行存档。

（三）大数据的处理

在智慧城市建设的过程中，各行各业所产生的数据类型与复杂程度各不相同，大数据往往是半结构化和非结构化数据为主，结构化数据为辅，而且各种大数据应用通常是对不同类型的数据内容检索、交叉比对、深度挖掘与综合分析。所以，在目前的情况下很难再用传统的数据处理的方法来进行相关的处理工作。大数据蕴藏的真正价值只有通过相关的分析和挖掘才能体现出来。在大数据的时代背景下，利用大数据技术对城市基础数据库、互联网、物联网等搜集到的数据进行相关处理分析。根据数据处理的实时性要求，分为离线处理和在线处理两种处理方式。离线处理的数据，通常保存在分布式数据库和分布式文件系统中，对这类数据进行处理分析的时候可以采用分布式计算框架，如 Apache Mahout。在线处理的数据，处理的方法与离线数据的处理方法有很大差别。其最大区别在于数据处理的速度更快并且更及时。比如在智慧城市的防灾应急等方面，需要对相关的数据进行及时处理，来为管理者提供决策支持，在这种情况下速度是很必要的。各种数据的处理方式都有其相应的优势与不足，随着科学技术的不断进步，在未来的发展趋势中应该将其结合在一起来应用。

（四）大数据的可视化

计算机的智能化水平随着现代信息技术的发展得到了很大的提升。可以用更加形象、更加直观的方式将最终数据处理的结果来进行呈现与展示，为政府、企业、群众等社会主体做决策支持。数据呈现是指利用可视化的软件，将数据分析与挖掘的结果更加直观、快速展现出来，为科学决策提供依据。目前，可视化技术可通过 GIS（地理信息系统）地图、热点图、标签云以及动画等更直观生动的形式将数据处理的结果快速展示在信息发布屏、Web 门户、移动手机、智能终端等终端上，便于城市的管理者、企业、市民对数据理解，从而做出正确的决策。

四、大数据在智慧城市行业中的具体应用

与以往的“感知城市”“智能城市”“数字城市”等理念相比，智慧城市最大的优点是可以对各行各业所产生的海量数据进行智慧的处理，充分利用大数据技术分析和挖掘大数据背后的价值。大数据在智慧城市中的应用领域十分广泛。利用现代信息技术改变政府、企业和人们相互交互的方式，提高交互的明确性、灵活性及效率。

（一）智慧交通

交通问题随着我国经济的快速发展日益凸显，交通压力与日俱增。交通问题会带来巨大的经济社会成本，严重阻碍社会经济的可持续健康发展。随着“城市病”问题的日益严重，只是增加基础设施的建设是不能从根本上解决此类问题的，发展智慧交通是必然的趋势。智慧交通是智慧城市建设的必由之路，在解决城市交通拥堵顽疾、提高交通运输效率等方面有着重要的作用。智慧交通是在智能交通的基础上发展而来的，是社会和科技发展的共同产物，通过将各类现代信息技术（如电子传感技术、卫星导航定位技术、数据通信传输技术等）进行有效整合，应用在城市的交通管理系统中，具有及时、高效、精准、全方位的优势，不但可以提高交通运输效率，减少交通拥挤和交通事故，也可以减少尾气的排放，具有显著的环境经济效益。发展建设智慧交通，可以有效地解决目前我国城市发展存在的问题，对社会经济的可持续健康发展具有重要的推动作用。

（二）智慧医疗

现阶段，我国医疗领域存在一些问题，如医疗资源分配不均、医疗渠道匮乏、医疗成本昂贵、医疗服务质量差、医患关系紧张等，其严重阻碍了我国社会的和谐发展。医疗卫生体系的改革迫在眉睫。我们应当结合当前大数据的时代背景，改革创新现有的医疗模式，建立医疗信息的网络平台。智慧医疗为解决我国的医疗领域的部分问题提供了很好的思路。智慧医疗，主要是指通过打造健康档案区域医疗信息平台，将最先进的现代信息技术融入医疗服务的整个过程，实现患者与医务人员、医疗机构、医疗设备之间的互动，逐步达到信息化服务。智慧医疗可以有效解决医患双方信息不对称的问题，提高医疗服务的质量和效率。目前，我国正处在智慧医疗的探索时期，在部分城市中也取得了阶段性成果，已经从传统的智慧医疗云、物联网医疗等发展模式过渡到新兴的医疗信息服务、上门服务、远程干预等服务模式。

（三）智慧物流

目前，我国的物流业正处于重要的战略转型机遇期。其在我国国民经济中的基础性、战略性地位日益凸显，成为吸纳就业人员的重要行业之一。在供给侧结构性改革的背景下，传统物流业发展模式将难以为继，必须结合时代背景进行创新发展。智慧物流是传统物流业发展的必然趋势，大数据的应用在智慧物流发展中是重中之重，占有举足轻重的地位。智慧物流是在物流互联网和物流大数据的支持下，通过协同共享创新模式与人工智能先进技术，重塑产业分工，再造产业结构，转变产业发展方式的新生态。其利用现代信息技术来解决传统物流业所面临的问题，推动物流业的快速发展从而带动整个社会经济的发展。在智慧物流的发展过程中，有关物流业的主体都应主动适应大数据时代所带来的新变化与新要求，优化信息平台，推动更大范围的资源整合，重塑治理管理体系，构建更加完善的智慧物流体系。

（四）智慧教育

在我国信息化的产业体系中，教育的信息化水平是相对来说比较低的，制约了我国信息化的整体发展。提升教育的智慧化水平，是未来智慧城市发展必须要解决的问题。智慧教育是数字教育的高级发展形态，目的是为了提高当前数字教育的智慧化水平，实现教育与信息技术的深度融合，促进教育利益相关者的智慧养成与可持续发展。智慧教育革新传统的教育模式，促进教育产业的转型升级。智慧教育离不开大数据的应用。大数据的资源与技术可以为学生提供虚拟课堂，老师和学生可以随时随地进行学习，实现教育资源的共享，学生不再是只局限于课堂学习。大数据的分析结果，可以帮助老师更好地做出教育评估决策，使学生的学习更加个性化，更有利于学生的学习，真正实现“智慧化”学习，智慧教育拓宽了教育系统的发展空间。

（五）智慧旅游

在当前，我国旅游市场的情况也错综复杂，旅游市场中存在的问题也越来越多。这对那些以旅游为主要经济来源的城市的发展是不利的。我们需要创新旅游模式。智慧旅游依托于现代信息技术，以游客的满意度和个性化需求为前提，实现旅游及社会资源的共享，以及集约化、系统化的利用，推动旅游产业结构的转型升级，并进一步服务于民众、企业、政府的全新旅游形态。智慧旅游通过对游客的消费习惯、消费时间、旅游线路等信息，进行大数据分析与挖掘，得出每年的旅游高峰期、游客喜欢的景点及物品、游客对旅游景区的意见等等信息，根据游客的喜好提前做好相关准备，解决旅游景区存在的问题，还可以适当地刺激游客消费等等。智慧旅游的“智慧”体现在“旅游服务的智慧”“旅游管理的智慧”和“旅游营销的智慧”这三大方面。旅游业的发展壮大对促进城市的经济发展也具有重大的推动作用。

（六）智慧制造

在现代科技信息技术和先进制造技术的共同推动下，制造业正在发生着革命性的变化。社会经济的变革、市场的发展、管理创新与技术的突破等多种综合的因素共同作用于制造模式的改变。制造业在国民经济中占有重要地位，其发展水平可以直接体现该国的生产力水平。智慧制造是在现代信息技术的支持下，将人的知识、及经验与普适智能、机器智能等智慧地融合在一起，将各种社会资源进行有效连接，根据客户的个性化需求和情境感知，在人机物共同决策下做出智能的响应，具有明显区别于传统制造模式的优势。在未来需要通过信息科学、制造领域和众多相关领域专家的全面努力，加快智慧制造的研究与发展，最终实现人机物协同的制造模式。智慧制造适应时代的要求，推动产业结构的转型升级，能更好地服务于我国经济社会的发展，为我国的经济发展做出更大的贡献。

当然，大数据在智慧城市的运用不仅仅表现在上述几个方面，它的应用范围与前景极其广阔，在智慧城市的各个领域如政务、企业、民生等都有着广泛的应用。任何产业的发展模式都不可能是一成不变的，需要不断地进行改革创新。在大数据的时代背景下，我国很多的传统产业都可以依托于大数据技术进行转型升级，为我国经济的发展注入新的活力。大数据对智慧城市的建设具有重要意义，推动我国经济社会的健康可持续发展。

五、基于大数据对智慧城市的相关问题提出建议

毫无疑问，任何事物都具有两面性。大数据在推动智慧城市高速发展的同时，也为智慧城市带来新的挑战。目前，我国智慧城市的建设仍处于初级阶段，还存在着很多问题，我们需要不断地进行深入探索，解决智慧城市发展过程中遇到的相关问题，助力智慧城市

的建设。

（一）重视顶层设计，做好整体规划

建设发展智慧城市，要做好顶层设计与统筹规划的工作。智慧城市是城市化和信息化相结合的产物，智慧城市的建设需要与地区的整体规划、经济产业、人民生活的实际情况相结合，根据不同地区的特点以及发展的不同阶段进行科学规划，准确定位智慧城市发展的目标，并提出有针对性的解决方案。如果智慧城市的建设不能紧密地结合当地城市发展规划的需求，那么城市的建设会难以继续。在智慧城市中，由于各类数据的应用差别较大、处理较复杂、涉及面较广泛等原因，很少有单位能够独立承担整个智慧城市的项目。在建设智慧城市之前需要顶层设计，从源头开始落实大数据战略。通过顶层设计，掌控智慧城市建设全局。智慧城市的建设应体现以人为本的思想，要鼓励广大群众积极参与。

（二）完善体制机制，保障信息安全

智慧城市的建设需要以现代信息技术为依托。大数据信息的普遍存在与应用，使得信息安全问题在大数据时代变得十分重要。当出现信息安全的问题时，会导致城市的管理系统无法正常运行，更为严重的是还会造成社会经济的混乱，因此在智慧城市的建设过程中要高度重视信息安全的问题。要健全管理机制，合理划分和协调好管理人员以及部门的相应的职责，保护好政务、企业、城市等运营的资料，防患于未然。保障信息的安全，当然离不开技术手段的应用，要不断地进行技术的改革与创新，建立保护大数据安全的保护系统。当然，我们还需要增强信息安全的意识，国家也应出台相关的法律文件保护群众的信息安全。综上，我们需要从管理、技术、意识、法律等多角度，提高信息安全的保障水平，消除信息安全隐患。

（三）打破信息孤岛，促进信息共享

目前，“信息孤岛”的问题在我国普遍存在着。多方面的原因造成了“信息孤岛”的现象，如软硬件设施的建设、不同行业的标准、部门之间的利益等，很多数据信息都是相对封闭和孤立的。对于普通群众来说，在网上搜索到的数据一般都是较为浅显的，无法接触到政府机构或大型企业掌握的大量数据，使得数据信息没有得到充分地利用，数据的真正价值大打折扣。我们不能让“信息孤岛”问题阻碍智慧城市的深入发展，需要多方面的共同努力来解决“信息孤岛”的问题。一是政府机构之间要互联互通，资源共享；二是政府与民众之间需要加强信息的相互沟通，社会公共信息要透明化。信息安全和信息共享并不是矛盾的。智慧城市必须是安全的，同时智慧城市必须是开放的。

（四）加强科技创新与人才培养

科学技术与高端人才是我国社会经济可持续健康发展的重要保障。智慧城市建设的各个领域、各个方面都需要科学技术的支持，大数据也同样如此，无论是在大数据的采集、存储、处理还是可视化的过程中都需要借助于相应的科学技术才能够实现。智慧城市本身就是科技创新的应用成果。智慧城市的建设离不开科技创新，科技创新夯实智慧城市建设基础。要建设好智慧城市必须立足于科技进步和自主创新，拥有战略性的核心技术和科技创新人才队伍。科技创新与人才培养离不开社会各界（政府、企业、科研机构、广大群众）的共同努力。全面实现科技创新，我们仍然在路上。

六、结论

智慧城市的理念在不断深化，为未来城市的建设和发展注入新的活力。如何成功地建设智慧城市，其关键是要进行科学、创新、协调的建设，重心是大数据技术的正确使用。智慧城市的建设离不开大数据的支持，大数据如同血液一般贯穿在智慧城市的各个环节。面对大数据时代的来临，我们必须给予高度的重视，密切关注其发展方向，不断创新，才能在建设智慧城市的过程中占得主动权，促进城市的繁荣发展，开启我国智慧城市的新时代。

参考文献：

[1] 陈宝权，程章林. 大数据与智慧城市 [J]. 大数据，2015，1（01）：68-77.

[2] 陈克明. 大数据在智慧城市中的应用研究 [J]. 信息与电脑（理论版），2016，9：115-116.

[3] 严波，孙斌. 大数据背景下智慧城市建设探析 [J]. 前沿，2015，12：19-23，36.

[4] 李朝鑫. 基于大数据时代下的智慧城市建设 [J]. 电子技术与软件工程，2017，16：165-166.

[5] 彭宇，庞景月，刘大同等. 大数据：内涵、技术体系与展望 [J]. 电子测量与仪器学报，2015，29（04）：469-482.

[6] 关浩宇. 大数据背景下提升地方政府治理绩效的对策研究——以广东省佛山地区为例 [J]. 当代经济，2016，34：136-141.

[7] 贺瑞，许元斌，柳欢等. 基于大数据技术的智慧城市建设初探 [J]. 自动化与仪器仪表，2017，6：69-71，74.

[8] 陈凯. 大数据应用的关键技术研究 [J]. 电信网术，2015，8：1-4.

[9] 邹国伟，成建波. 大数据技术在智慧城市中的应用 [J]. 电信网技术，2013，4：25-28.

[10] 张力平. 智慧医疗正在走来 [J]. 电信快报，2014，8：40.

[11] 张载龙. 共筑智慧物流新未来 [J]. 群众，2017，14：37-39.

[12] 杨现民，余胜泉. 智慧教育体系架构与关键支撑技术 [J]. 中国电化教育，2015，1：77-

84，130.

[13] 孙斌，尚雅楠，严波等. 智慧城市中大数据的应用与评价体系的构建述评 [J]. 科技和产业，2017，17（04）：99-104，133.

[14] 黄松，李燕林，戴平娟. 智慧旅游城市旅游竞争力评价 [J]. 地理学报，2017，72（02）：242-255.

[15] 姚锡凡，练肇通，杨屹等. 智慧制造——面向未来互联网的人机物协同制造新模式 [J]. 计算机集成制造系统，2014，20（06）：1490-1498.

[16] 李朝鑫. 基于大数据时代下的智慧城市建设 [J]. 电子技术与软件工程，2017，16：165-166.

[17] 陈克明. 大数据在智慧城市中的应用研究 [J]. 信息与电脑（理论版），2016，9：115-116.

[18] 严波，孙斌. 大数据背景下智慧城市建设探析 [J]. 前沿，2015，12：19-23，36.

[19] 李朝鑫. 基于大数据时代下的智慧城市建设 [J]. 电子技术与软件工程，2017，16：165-166.

作者单位：河北大学经济学院